孩子为什么
家长怎么办

80 种孩子成长问题的解决方案

王春永◎著

中国发展出版社
CHINA DEVELOPMENT PRESS

图书在版编目（CIP）数据

孩子为什么 家长怎么办：80种孩子成长问题的解决
方案/王春永著 . —北京：中国发展出版社，2012.7
ISBN 978 - 7 - 80234 - 806 - 6

Ⅰ. 孩⋯ Ⅱ. 王⋯ Ⅲ. 家庭教育 Ⅳ. G78

中国版本图书馆 CIP 数据核字（2012）第 154225 号

书　　　名：孩子为什么 家长怎么办：80 种孩子成长问题的解决方案
著作责任者：王春永
出 版 发 行：中国发展出版社
　　　　　　（北京市西城区百万庄大街 16 号 8 层　100037）
标 准 书 号：ISBN 978 - 7 - 80234 - 806 - 6
经 　销 　者：各地新华书店
印 　刷 　者：北京科信印刷有限公司
开　　　本：880 × 1230mm　1/32
印　　　张：10.125
字　　　数：265 千字
版　　　次：2013 年 1 月第 1 版
印　　　次：2013 年 1 月第 1 次印刷
定　　　价：32.00 元

咨 询 电 话：(010) 68990642　68990692
购 书 热 线：(010) 68990682　68990686
网　　　址：http: //www. develpress. com. cn
电 子 邮 件：fazhanreader@ 163. com

前言 Foreword
从心教育孩子

几个小时以前，我还在参加一所学校的公开课。老师们准备得很认真，讲解也很细致，学生们学得也很卖力，但是总觉得哪儿不对劲。

哪儿不对劲呢？一切都进行得有条不紊，气氛也称得上活跃，结束得也无可指责。然而，在一节45分钟的课堂里，似乎只是老师在挑选少数几位学生，配合着完成一项演示任务。不得不说，面对40个孩子，这可能是保证不出差错地完成一堂课的最佳方式。然而这还是教育吗？孩子呢？孩子的心呢？

孩子是祖国的花朵，但是教育孩子不是培育花朵给人看。每个孩子都有自己的心理特点，都有自己的成长节奏和规律，但是老师和家长，却不得不按照一个模子去培育"美丽的花朵"。这种美丽，是有标准答案的，是不允许出现差错的。

在这样流水线式的培养模式上，孩子的心被忽略了。要让孩子快乐成长，必须从心教育他们。

一位有成就的科学家，曾经回忆自己创造能力的来源。他说，在他差不多2岁时，曾经试图将一瓶牛奶拿出冰箱，但光滑的瓶身使得他失手了，瓶子落在了地上，溢出的牛奶在厨房的地板上流得到处都是。

他的母亲进到厨房中，没有冲他大吼大叫，也没有说教或惩罚他，她只是说："罗伯特，你弄出了一堆多么奇妙的东西呀！我几乎还从来没看见过这么大一洼牛奶呢。嗯，既然损失已经造成了，你要不要在我们清理以前在这洼牛奶中好好地玩一会儿呢？"

他真的就地趴下在牛奶中玩。过了一会，母亲说："你知道吗，罗伯特，无论什么时候，当你弄出这样的脏乱场面，最终你都得清理干净，并且把所有事情恢复到正确的顺序。所以，你想怎么清理呢？我们可以用一块海绵，一条毛巾或一只拖把。你想用哪种工具？"他选择了海绵，然后和母亲一起清理干净了满地的牛奶。

还没有完，母亲接下来又说："你知道吗，我们刚才所经历的是一次失败的经验，就是怎么能够有效地用两只小手握住一大瓶牛奶。走！我们去后院，把瓶子装满水，看看你能否想出一个办法握住而不使它掉卜米。"

2岁的他通过实验了解到，如果用双手在盖子下面的颈部握住瓶子，就不会掉下来。

每个孩子在成长过程中都会出差错，也会出问题。对他们来说，真正的危险不是差错和问题，而是他们的父母不知道如何面对这些差错和问题。

当孩子出问题时，很多父母习惯于用成人世界的规则来解释和应对：他这么做只是为了引起大人的注意；他只在乎他自己；他在挑战我们的耐性；他本来很聪明，如果想的话能做得更好；等等。

殊不知，这样的解释和应对，是在给孩子的心灵贴上诸如"固执"、"任性"、"不肯妥协"、"不讲理"、"不听话"、"想引人注目"、"没有控制力"甚至"叛逆"一类的标签。这样的标签，往往事与愿违，把孩子引向更加"任性"或"固执"的方向……

另外，即使不是出问题时，父母们也面临着很多困惑：孩子是不是越早识字越好？怎样激发他的学习兴趣？甚至，当父母离异时如何让孩子面对？等等问题，都需要心理学的知识和技巧恰当处理。一个问题处理不好，一则影响孩子成长，二则会导致亲子关系紧张。

本书采用问答的方式，运用教育心理学的研究成果，从人格培养、学习技巧、沟通社交等八个方面，解答了在教养孩子过程中遇到的种种困惑。在一问一答中，提出了掌握孩子成长规律、走进孩子内心的意见和建议，是一本集心理学知识和教养经验的科学教子宝典。

作 者

2012年10月

目录 Contents

Chapter 5　成长比成功更重要

Chapter 7 传统智慧应如何与时俱进

抢跑的孩子未必有后劲

Chapter 1

01 鸡尾酒学习法
学习可以打歼灭战吗

集中学习证明是最糟糕的学习方法。把不同的内容混合在一起学习，效果要好得多。

亲爱的心理学家：

您好。我女儿现在小学三年级了，马上要放假了，所以我开始考虑为她制定一个家庭学习计划，让她系统地巩固一下各门课程。但是在制定时，我和她发生了分歧。我认为在划出各门功课的重点后，要集中一两周的时间去专攻一个内容；完成以后，再集中一段时间专攻第二个、第三个重点……这样可以各个击破，集中力量打歼灭战，并且很有条理性。但是她认为这样太枯燥了，想穿插着学习各门课程，我觉得这样太随意，容易混乱。对于我们的分歧，您怎么看？有什么更好的办法吗？

——一个辅导女儿功课的父亲

亲爱的朋友：

您好。您是一个负责任的父亲，能够很细心地替女儿规划学习，这是很难能可贵的。但是也要指出，您的"集中力量打歼灭战"的做法听起来不错，在战场上或者项目管理中可能会很有效，但完全不适用于孩子的学习。

心理学的研究已经发现，孩子在一次学习中变化学习的对象，比执著于操练一个方面的效果会更好。很多音乐家早已知道这一点，他们的一次练习通常包括音阶练习、乐曲练习、节奏练习。许多运动员在训练中，也把力量训练、速度训练和技术练习等穿插进行。

美国的《应用认知心理学》杂志网站曾经发布一个实验研究，它是由南佛罗里达大学的道格·罗雷和凯利·泰勒完成的。

罗雷和泰勒把一些四年级学生分成两批，教给他们4种类型的方程式解法。在学习过程中，两组学生都要解例题。其中一组的学生，被要求反复学习一种方程的例题，然后再学习下一类的计算，并进行反复学习。另一组学生则把四种类型的计算放在一起学习，并把例题掺杂在一起来解。

一天过后，研究者用一套关于4种方程式的新试题，对所有学生进行测试。结果发现，把学习内容混合在一起学习的学生，平均成绩要好于另一组学生，两组学生的正确率分别是77%和38%。

后来，研究者又分别以成年人和年龄较低的孩子为对象进行实验，也得出了同样的结果。

研究者指出，学生看到一连串的同类问题时，在读题之前便知道解题的策略。这就像骑单车的机械动作一样，不用动脑子。但是接受混合练习的学生，每个问题都与上一个问题不同，学生必须学会判断题目的类型，并选择相应的解题方法。而这，跟他们在考试中遇到的情形是一样的。

这个研究结论的适用范围，其实远不止于数学方程的学习。根据《心理学与衰老》期刊上的一篇论文，研究者让大学生和退休人员欣赏12个陌生画家的作品，然后进行画作风格的识别测试。第一组欣赏画作时，所有画作都混合在一起，边看边分辨；第二组则是一次集中看一个作家的十多件作品，然后再看下一位作家的作品，依次看完12位画家的作品。

测试结果是，第一组更能够对12位画家的绘画风格进行识别。研究者之一奈特·科奈尔说："在这个过程中，当看到不同风格的画作时，大脑似乎在进行深度的模式识别，找出它们之间的异与同。"

看不同的画作让我们获得更深的思考~~

上面的实验和研究，其实颠覆了我们的一个"常识"：孩子如果要学习某个内容，必须进行高强度的浸没式学习。

从用脑常识来看，有些科目的学习重在计算、推理，而另一些科目中感性材料相对多一些。如果长时间去做某科的作业，自然容易造成大脑某些区域细胞活动过度而出现疲劳，学习效率自然下降。交换学习内容和学习方式，可以使疲劳部分大脑区域得到休息，就相当于左右脑协同工作或轮流休息。

所以，在和孩子制订假期学习计划时，请不要一天只学习一个内容，而一定要同时穿插几个内容。这样，哪怕每个内容只学习了一点点，也比用一整天时间学习一个内容的效果要好。对于任何单个内容来说，用一整天时间都嫌太长，更不要说一周了。

02 思维定势效应
孩子不爱动脑筋怎么办

一旦孩子按父母和老师的标准学会了找"标准答案",也就形成了思维定势。

亲爱的心理学家:

您好。我的孩子5岁了,是一个听话和活泼的孩子,最大的缺点就是不爱动脑筋,在听故事或读书时不喜欢提问题,遇到需要回答问题的地方就不看了,而且即使是很简单的问题也要想很久。我想请教一下,怎样才能让她成为一个爱思考、勤动脑的孩子呢?

——一个妈妈

亲爱的朋友:

您好。您是一个细心的妈妈,但您不用太担忧。

其实,简单地从孩子能不能回答出问题的"正确答案",并不能就此判断孩子就是真的不爱动脑筋。

一方面,每个孩子天生喜欢解决问题,也喜欢动脑筋,他们的大脑每天都处在对世界的探索之中。孩子找到"正确答案",并不能说明越爱动脑筋或者越聪明。孩子在回答问题时,经常是凭直觉,习惯于对问题不假思索地做出回答,而没有足够的时间"动脑筋",也就是让大脑启动思维"程序"了。

另一方面,中国几千年的传统教育以文字教育为主,这样的历史给我们造成一种错觉:只有读书才是学习,只有书上的答案才是正确的。在这样的观念指导下，我们很容易因为孩子回答问题不"标准"，而觉得他不爱思考甚至不聪明。

然而，对一个孩子来说，他不会赞同上面的观点，他的思维方式和我们也是不同的。这时候，就需要我们换一种思维。

美国哈佛大学的教育学教授霍华德·加德纳博士指出，"我们的校园及其文化，把太多的注意力放在了语言和逻辑数学智能上。我们尊重我们文化中能够高度精确或逻辑的阐明事理的人物。然而，也应该把同样的注意力，放到那些在其他智能上展现出天赋的个体上"。

生活中，人们常说心灵手巧，其实，对于成长发育中的孩子，更贴切的说法是心灵手巧。根据研究，孩子7岁以前，对世界的认识最重要的是体验。比如摸过热水杯后知道什么是烫，摔过跤后知道怎么走路更安全……

这一时期的孩子，只会对他感兴趣的活动投入自己的精力和智慧，并且开动脑筋去探究其中的奥秘。我们做父母的，不要抱怨，而要尝试发现并保护孩子的兴趣，提供帮助并适当引导，让孩子按自己的方式探索和思考。

其次，读书和回答出"标准"答案，涉及创造力思维中最核心的部分——发散型思维——其实并不多。通过机械记忆与模仿进行学习，会让他们更倾向于线性思考，而较少创造性思考。

在心理学上，有一个思维定势效应。它是说人们在观察、分析和解决问题的过程中，往往会局限于既有的信息或认识的现象，形成一种固定的思维模式，从而习惯于从固定的角度来观察、思考事物，以固定的方式来接受事物。

一旦孩子按父母和老师的标准学会了找"标准答案"，也就形成了思维定势。它固然可以使孩子在读书或做题时很熟练，表现得灵敏和聪明，但同时也会束缚孩子的思维，使孩子只会用常规方法去解决问题，而无法发挥创造性思维。

要让孩子学会动脑筋，提高他潜在的创造力和想象力，不能仅满足于让他们找到答案，还必须要打破孩子的思维定势，给他们一个发现问题的机会。

一位法国教育心理专家曾给上海的孩子出了一道题："一艘船上有75条牛，32只羊，那么船长有几岁？"

结果，超过90%的学生做出了答案，有的用减法：75-32=43（岁）；也有的用加法：75+32=107（岁）。只有不到10%的学生认为这道题荒谬，无法解答。

当然，认为这道题无法解答的学生是正确的，因为这不过是一则笑话，不可能有答案。这些做出答案的学生在回答记者提问时说："老师出的题总是对的，不可能不能做。"

在这个故事中，如果孩子做出了答案，反而说明学校把孩子教笨了。

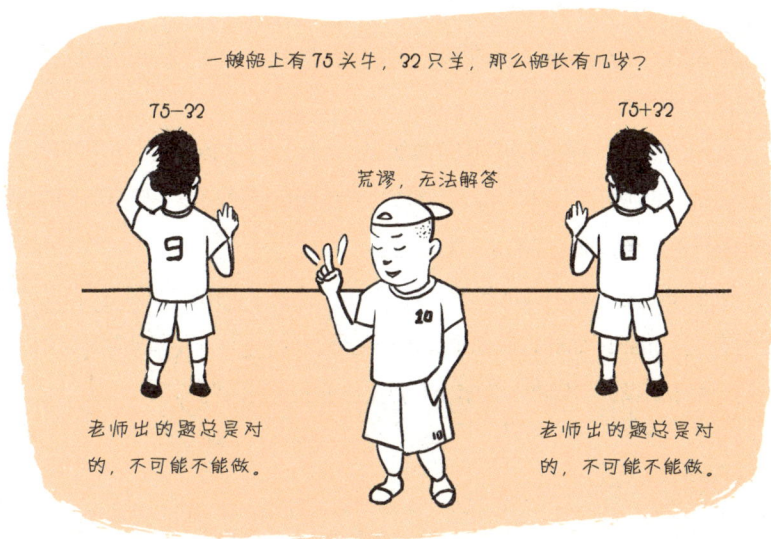

只有当孩子发现了问题，才说明他受到的教育是对的。

有的孩子倒是喜欢问问题，但不论遇到什么问题，张口就问，养成了依赖习惯。所以，当孩子提问时不应直接给予答案，而应鼓励引导他们自己去寻找答案。

也许他的回答错得离谱，但没关系，至少他动脑筋了。接下来，你可以解释他为什么错了，为什么方法不行。如果他的答案有创意，即使可行性很低或者很可笑，也要像他答对了一样鼓励他。

卡尔·威特牧师是一位著名的教育家。一天，他的一位老朋友来做客，他看见小卡尔正在用蓝颜色认真地画着一个大大的、圆圆的东西。朋友问小卡尔："孩子，你画的是什么呀？"

小卡尔回答说："一只大苹果。"

朋友又问："可是，你为什么要用蓝色呢？"

小卡尔回答："我想应该用蓝色。"

朋友对卡尔·威特说："老朋友，你应该教教孩子。他想把苹果画成蓝色，你应该告诉他这是不对的。"

老卡尔似乎有点惊讶地反问这位朋友："为什么一定要告诉他该用红色呢？我认为他画得很好，说不定他以后真的会栽培出蓝色的苹果呢。至丁现在的苹果是什么颜色，他吃苹果的时候自然会明白的。"

有很多问题，我们只是囿于自己的常识来判断，而没有想过它背后所隐含的意义。也正因如此，我们也让孩子变得循规蹈矩，不再动脑筋。所以，不要拘泥于所谓的"标准"答案，而要让孩子感受到独立思考的乐趣。

03 非学校教育
在家上学可行吗

在家上学，比在教室里接受老师讲授知识，更能提高孩子的学习能力，使孩子把责任意识与学习结合起来。

亲爱的心理学家：

您好。前不久我看了一篇报道，说是在北京、上海、广州等城市，有一些家长把自己的孩子从幼儿园和学校带回来，让孩子"在家上学"。比如深圳市福田文化馆工作的陈先生，把自己的儿子从幼儿园接回了家里，让孩子在家学习。

我对目前的应试教育也有些看法，因此很想尝试自己在家教育孩子，但是一直下不了决心。请提供一些意见，好吗？

——一位家长

亲爱的朋友：

你所说的"在家上学"，其实在欧美国家早已不是新鲜事，被称为"家庭教育（Home schooling）"或"非学校教育（unschooling）"。目前，在美国大约有200万名学生在家上学，人数还在增长。法律承认这种完成基础教育的方式，各州都有标准，有可供选用的教材。

这种情况在欧洲也很普遍，英国有14万的小学生在家里接受教育，而法国则有超过1万名学生选择在家自行求学，或到世界各国旅游求学。

江苏教育电视台《成长》栏目制片人陈琼曾经指出，自2004年开始，她已经陆续接触到了7个在家上学的孩子，目前这7个孩子有3个已经走上了社会，其中就包括作家郑渊洁的儿子，还有一名顺利考上清华大学建筑系，目前已经博士毕业并留校做了老师。

在陈琼看来，这些孩子比起普通学校毕业的孩子，"更加理智、冷静、自制力强，因为他们的家长都是从小有计划地培养"。

从个性化学习的角度来说，在家上学如果实施得当，是一种优势策略。目前，很多学校用一种抽象的方式强行灌输教学内容，"批量生产"，毫无个性可言。不仅如此，学校按照工厂式的管理模式运行，根本无法形成和谐愉快的氛围。对于这样的学校，不想去的不仅是孩子。

学习是孩子与生俱来的本领，他们从出生的那一刻开始，就已经在好奇心的推动下开始了学习，并且伴随他整个一生，既不会从学校开始，也不因离开学校而停止。

在家上学，可以让孩子直接面对现实问题，反而能比"上书山战题海"起到更好的效果。陶行知先生曾说："我们要活的书，不要死的书；要真的书，不要假的书；要动的书，不要静的书；要用的书，不要读的书。"在家上学可以比学校更能满足这一点。

"现代住家教育运动之父"约翰·霍尔特认为，大胆让孩子们接触报纸、信件、保证书和（电话）黄页，或任何复杂而又深刻的现实问题，这样才能够增强孩子对现实世界的好奇心，并且从中学到比课本上更多的东西。下面我们看一个故事。

一个孩子走进杂货店，店员问道："你要买什么？"

孩子说："买10磅15个法郎一磅的糖，加4磅90法郎一磅的咖啡，再买2磅27法郎一磅的奶油，然后再加30法郎的面包。"

店员说："糖一共是150法郎，咖啡一共是360法郎，奶油54法郎，加上面包的30法郎，一共是594法郎。"

"我这儿有一张1000法郎的钞票，你该找给我多少？"

"406法郎，快一点。喏，这是小票，拿好。"

孩子一边拿着东西转身走出店门，一边说："这是我爸给我布置的算术题，我还不会算呢，实在太谢谢你了。"

对孩子来说，在家学习的好处还不止这些。当孩子在家上学时，每天可以看到父母的工作情况，甚至可以参与决策和合作。这一过程，比在教室里接受老师讲授的知识，更能提高孩子的学习能力，使孩子把责任意识与学习结合起来，对事情的后果具有风险意识，而不像传统教育下的孩子那样只会按部就班地想问题。

不仅如此，与在学校的孩子们相比，在家上学的孩子的朋友的年龄更为多样化。在家教育的家庭中，父母亲及其朋友不知不觉地也成了孩子的朋友，孩子也善于与比他们大或小的人互动。相反的，上学孩子的朋友更局限于同班同年龄。因此可以说，在家上学的孩子的交际环境，更接近于他未来要进入的真实社会。

另外，网络的发展和教育资源的丰富，也为在家上学提供了基本的环境。随着网络技术的创新发展，学习已经基本不受时间、空间的限制。这就使孩子可以不必依赖学校，而自由地学到任何想学的知识和技能。在互联网上，有无数的图书和公开课免费开放，使孩子可以综合利用这些现代资源学习，看教学视频，看经典电影电视片，查找资料。

那么，会不会出现"学而无友"的情况呢？这一点也不必担心，通过网络，不同空间的人可以迅速相识，建立互助学习社区。在中国内地，支持孩子在家上学的家长还自发成立了在家上学联盟，并出现了南京、上海、北京、广东、成都等十几个联盟部落。家长们除了在上面发帖交流外，每个群体还有自己专门的QQ群，交流心得。

但是，在家上学也并非有百利而无一弊，有些方面必须加以注意。

首先，父母必须建立一定的督导机制。如果选择让孩子在家上学，最好由父母中的一人担任老师，负责监督与指导，并且建立学习档案。

在法国，想让孩子在家上学，只要在每年开学前向市政府提出请示单即可。法国教育管理部门则每年派专业的督察，到学生家里探视孩子的学习环境和检验学习成果。如果达不到相关标准，家长则必须将孩子送到学校里上学。

在中国，目前尚无这种成熟的督察机制，因此父母的作用就更为重要。在必要时，可以向教育专家或学校的老师请求帮助。

其次，在教育孩子的过程中，不仅要注意孩子的学习成绩，更要注意他们的人格发展，如独立体验、自主选择、学会生活、人生指导等。在家上学欠缺集体活动，也缺乏适当的竞争。但是孩子一定是需要伙伴的，清朝的皇子在读书时，还会安排许多"哈哈珠子"伴读呢。

半个世纪前，美国的一位教育部长说："学校好比是一个小岛，家庭和社会是大陆，大陆和小岛间由吊桥相连，每个工作日上下午吊桥各放下一次，让学生上学和回家，每年有一两次大陆上的学生家长到小岛上做客。最具讽刺意味的是，岛上生活的主要目的是教育学生怎样在成年后在大陆上生活。"

如果让孩子离开了学校的孤岛，又到了家庭的孤岛，那么这样的转换是没有意义的。

如果你想试一试让孩子"在家上学"的话，除了以上几点，还有一些实际问题要仔细权衡一番，如法律问题、经费问题、教学计划问题，等等。

在家上学不仅是一种教育形式，更是一种生活方式。在实施之前，你必须问自己和孩子：准备好了吗？这里的准备还包括，一旦孩子想回学校上学，就要尊重孩子的意愿。

04 饥饿教育法
怎样激发孩子的学习兴趣

越是不好接触的东西，越有诱惑力；越是不让知道的东西，越觉得神秘，越想知道。

亲爱的心理学家：

您好。我家孩子7岁了，他对学习没兴趣，一天到晚就是到处疯玩，还迷上了网上的游戏。"不让孩子输在起跑线上"是当下的流行语，我给他买了各种各样的书，几乎把书架堆满了，可是他只要一拿起书，看不到两页就呵欠连天。我想请教您：用强制的方法来让孩子学习，是否可行呢？谢谢！

——一位为孩子不爱读书而挠头的家长

亲爱的朋友：

在社会竞争日益激烈的今天，为了"不让孩子输在起跑线上"，很多父母给孩子买各种各样的书和学习资料，但是孩子偏偏逆反，对这些东西毫无兴趣。于是，有些父母就会采取各种方式，"强制"孩子学习。

但是，强迫学习，只会让孩子感觉沮丧和失败，是绝不可取的。

远在2000多年前，柏拉图就建议："不应该有任何强制的教育。自由人不应该在获取任何种类的知识时成为奴隶。"

有一次，著名教育家陶行知在武汉大学讲演。他走上讲台从包里拿出一只大公鸡，台下听众全愣住了，不知道陶先生要干什么。接着陶先生掏出一

强按鸡头不吃米，兴趣才是最好的老师

把米放在了桌子上，然后按住鸡头强迫它吃米，可大公鸡只叫不吃。怎样才能让它吃呢？他又掰开大公鸡的嘴，硬塞大米给它吃，大公鸡拼力挣扎还是不肯吃。这时，陶行知轻轻地松开手，把鸡放到桌子上，自己后退几步，这时大公鸡自己吃了起来。

学习的核心问题，就是一个兴趣。孔子说："知之者不如好之者，好之者不如乐之者。"强按牛头不喝水，强按鸡头不吃米，兴趣才是最好的老师。但是，怎样才能引起孩子的兴趣呢？

在这里，我想推荐日本教育家铃木镇一的"饥饿教育法"。

在铃木的教室里，经常有许多孩子来学小提琴。对于初次来学习的孩子，铃木的做法是完全禁止摸琴，只允许在旁边观看其他孩子演奏。听到其他孩子奏出梦幻般优美的乐章，新来的孩子学琴的欲望被强烈地刺激起来。直到这时，铃木才许可孩子拉一两次空弦。

你也许不理解，为什么要限制孩子摸琴呢？其实这正是"饥饿教育"的奥妙所在，因为这样一限制，给孩子传递的信息不是"要你学"，而是"你还没有学的资格"。这样一来，无形中提高了琴在孩子心目中的价值，对孩子的吸引力大大增强了。

说到底，这是一种欲擒故纵的教育方法。从心理学上来说，它是完全符合人的心理的：越是得不到的东西，就越想得到；越是不好接触的东西，越有诱惑力，就越想接触；越是不让知道的东西，越觉得神秘，越想知道……

回到孩子的教育问题上，就是要启发求知人学习的兴趣，即孔子说的"不愤不启，不悱不发"。据说，佛陀讲大乘佛法时，12000名听经者中，居然有5000人当场退出。我想，佛陀如果能运用饥饿教育法，或许可以起到意想不到的效果。

明代的王阳明一生桃李满天下，他强调，一定要顺应孩子的性情，激发他的兴趣，以诱导启发来代替督责。他形象地说："大抵童子之情，乐嬉游而惮拘检，如草木之始萌芽，舒畅之则条达，摧挠之则衰萎。今教童子，必使其趋向鼓舞，中心喜悦，则其进自不能已。"

我们都知道宋代著名的"三苏"——苏洵和他的两个儿子苏轼、苏辙，有一副对联形容他们的文学成就，"一门父子三词客，千古文章四大家"，可以说是空前绝后，无人能比。

但是据记载，苏轼和苏辙并非天生神童，小时候也非常顽皮，贪图玩乐而不爱读书。父亲苏洵并没有采取"棍棒教育法"，而是采用了"饥饿教育法"。每当孩子们玩耍打闹时，苏洵就躲在书房里面读书，有时还忍不住哈哈大笑。

当儿子跑过来想瞧个究竟时，他又把书赶紧"藏"起来。孩子们以为父亲瞒着他们看什么好东西，就趁父亲不在家时，将书"偷"出来看，渐渐地也喜欢上了读书。

孩子的头脑不是一个要被填满的容器，而是一个需要点燃的火把。稍微用点心，利用孩子的好奇心做引子，把他们的学习兴趣"引燃"其实并不难。

你可以拿起一本书，声情并茂地讲述，待把孩子的兴趣引到高潮后，停住不讲并把书"不经意"地放进抽屉，或放回书架较高的位置。

这个动作好像在告诉孩子：这本书虽然有趣，但太深奥，你还看不懂。孩子出于好奇心，一定会爬凳子找书看，阅读的趣味也会倍增。找书来读的过程，对孩子来说就像是一次冒险游戏，他自然会乐此不疲。

05 聚光灯模型
怎样让孩子学会专注

孩子无法在一定时间内专注于一件事，是因为他们的大脑发育还不成熟。决定专注能力的大脑额叶皮质，直到青春期后期才能完全形成。

亲爱的心理学家：

您好。我女儿现在6岁半，在幼儿园的时候，老师还表扬她，说她画画画得好，想象力也很丰富，我们也很高兴。

可是今年上了小学以后，老师说刚开学的那段时间还挺好的，可最近一段时间比较懒散，上课注意力也不集中，眼睛虽盯着老师，但大脑没跟着老师。我想请问一下，有什么办法提高孩子的注意力吗？

——一位母亲

亲爱的朋友：

您好。注意力不集中、易分心，是很多孩子的通病。

年龄越小，他控制注意力的时间就越短。小学一年级的学生，一次集中注意力时间至多也只有15分钟。这是由于孩子的神经系统发育还不够完善，注意力不集中这种情况将随着年龄的增长渐渐好转。可是小学要求学生上课要坐半小时以上，所以不能被动地等待孩子的自我发育的完善，否则将影响学习效率及学习成绩。

所谓注意力集中，实际也就是人们所说的专注。它是同时存在几个可能的观察对象或思考对象时，大脑清晰而生动地牢牢抓住其中一个的状态。它的本质是意识的聚焦和集中，这就意味着舍弃一些东西，以便更有效地处理所专注的事情。

威廉·詹姆斯曾经用一个"聚光灯模型"描述专注：如果世界是一个大舞台，那么我们只注意到聚光灯照亮的小圈子内的事物。聚光灯照亮区以外，一片漆黑。詹姆斯指出，这是因为人们的专注行为与视而不见交织在一起；专心于一件事情，就意味着无视除此以外的其他一切。

美国密歇根大学的发展心理学家约翰·哈根设计了一个记忆任务。他给孩子们一副牌，并一次显示其中的两张牌。他要求孩子们记住右边的牌，无视左边的牌。毫不奇怪，年龄较大的儿童和成年人记住的牌比较多，因为他们能够聚焦他们的注意力。然而，年龄小的孩子往往记住一些应该忽视的左边的牌。

显然，如果成人的注意力像一束探照灯光，那么婴幼儿的更像是一个灯泡，光芒一视同仁地普照四面八方，感知和接受一个更广阔舞台的刺激。

苏联心理学家曾做过这样一个实验：让幼儿在游戏和单纯完成任务两种不同的活动方式下，将各种颜色的纸分装在与之同色的盒子里，来观察孩子注意力集中的时间。

实验结果发现，在游戏中，4岁幼儿可以持续进行22分钟，6岁幼儿可坚持71分钟，而且分放纸条的数量比单纯完成任务时多50%。在单纯完成任务的形式下，4岁幼儿只能坚持17分钟，6岁幼儿只能坚持62分钟。

这项研究表明，孩子在游戏活动中，其注意力集中程度和稳定性较强。因此，我们可以让孩子多开展游戏活动，在游戏中培养婴幼儿的专注力。

第一种方法是玩扑克游戏。

取三张不同的牌（去掉花牌），随意排列于桌上，如从左到右依次是梅花2、黑桃3、方块5，选取一张要记住的牌，如梅花2，让他盯住这张牌，然后把三张牌倒扣在桌上，由家长随意更换三张牌的位置，然后，让他报出梅花2的位置。如他猜对了，就获胜，两人轮换做游戏。

随着能力的提高，家长可以增加难度，如增加牌的数量，变换牌的位置的次数和提高变换牌位置的速度。

这种方法能培养注意力的高度集中，由于是游戏，符合孩子的心理特点，非常受孩子欢迎，玩起来积极性很高。每天坚持玩一阵，注意力会有所提高。

第二种方法是玩"开火车"游戏。

这种游戏要三人以上，一家三口就可以完成，当然如果有爷爷奶奶或其他人参加，那就更好了。为了叙述的方便，现以三人为例，方法是：三人围坐一圈，每人报上一个站名，通过几句对话语言来开动"火车"。

比如，父亲当做北京站，母亲当做上海站，孩子当做广州站。

父亲拍手喊："北京的火车就要开。"

大家一齐拍手喊："往哪开？"

父亲拍手喊："广州开。"

训练反应能力和注意力的快乐家庭游戏！
——全家都来开火车吧！

于是，当广州站的儿子要马上接口："广州的火车就要开。"

大家又齐拍手喊："往哪开？"

儿子拍手喊："上海开。"

这样，火车开到谁那儿，谁就得马上接得上口。"火车"开得越快越好，中间不要有间歇。这个游戏由于要做到口、耳、心并用，因此能让注意力高度集中，同时也锻炼了思维快速反应能力，而且这种游戏气氛活跃，能调动人的积极性，孩子玩起来会乐此不疲。

第三种方法是利用"舒尔兹表格"进行注意力训练。

舒尔兹表格是将一系列数字随机放在表格中，让孩子按顺序找到这些数字，记录孩子每次用的时间，每天玩1~2次。比如：1~25这些数字随机放在5×5的表格中（表1），孩子就要从1依次找到25，数字可以随着训练的进行逐渐增多。为了增加训练的趣味性，孩子可以和家长比赛，或者和自己比赛，记录每次所用的时间，有进步就给予表扬。

表1　　　　　　　　　　　**舒尔兹表格**

19	9	4	15	13
8	22	14	5	2
24	1	10	17	21
20	7	18	11	3
6	22	25	26	16

如果孩子在上课听讲时容易走神，就要训练他的听力注意力。

可以每天给孩子读一篇文章，读完后要他回答书中的问题，长期坚持就会提高孩子的听力注意力。或者由家长给孩子念一组数字或一组词语，让孩子正背或者倒背出来，比如"3698"，倒背就是"8963"，逐渐增加数字和词语的长度。

　　这个游戏不仅能训练他的注意力，还训练了他的记忆力。还可以每天回来追问一下上课的内容，让孩子把每节课的内容复述给家长们听，这样也能无形中养成孩子上课认真听课的习惯。

　　最后一点，也是父母容易忽视的一点，就是不要让孩子看太多快节奏的卡通片。

　　卡通片情节生动、内容丰富、画面鲜艳，许多年轻父母都喜欢拿来当孩子的"小老师"。然而，美国弗吉尼亚大学心理学系教授李拉德（AngelineS.Lillard）通过实验研究发现，看《海绵宝宝》一类快节奏动画片的儿童，在一系列有关逻辑能力、记忆力和判断力的测验中表现不佳。她认为，孩子如长期观看此类卡通片，可能有损孩子的注意力等认知能力。

　　另外，有些孩子在学习时喜欢突然开小差，问父母一些与学习无关的问题，比如晚上吃什么，或者说学校里有什么新鲜事。这个时候家长不要搭腔，因为你一搭腔，实际上就是默认孩子写作业时可以走神了，又把孩子的注意力分散了。最好告诉孩子，有什么事待她作业做完后再说。

　　著名教育家乌申斯基说："注意是学习的大门。"只要你注意到影响孩子专注的因素，进而根据孩子专注发展的特点，采取适当的方法，有计划、有目的地训练，相信一定会取得成功的。

06 瓦拉赫效应
孩子学习偏科怎么办

孩子的智能发展是不均衡的，都有智慧的强点和弱点，要求他们各科成绩齐头并进是不现实的。

亲爱的心理学家：

您好。我的孩子已经上初三了，很聪明，在老师和同学们的眼里，他是个"怪才"，数学成绩在全年级一直名列前茅，但语文成绩一直不太理想。老师说他写的字看都看不清，叫人怎么给他的作文打高分？

尽管我们常常督促他在语文学习上多下些工夫，但效果甚微。他在作文中写道："我不喜欢语文课和音乐课。语文课上老师总有问不完的问题，而我又回答不好，所以一到语文课就担心老师提问。音乐课我也不喜欢，因为我觉得自己总是唱不好，同学们会嘲笑我。"

我想请问一下，孩子为什么会出现偏科现象，又有什么方法来纠正呢？

——为孩子偏科而烦恼的父亲

亲爱的朋友：

在学习中，如果孩子在成绩上反映出来的某一科分数持续较低，或者对某一学科的态度特别冷淡，都称之为偏科。对于偏科的孩子，我们要理性地看待。

奥托·瓦拉赫是诺贝尔化学奖获得者，他的成功过程极富传奇色彩。瓦拉赫在开始读中学时，父母为他选择了一条文学之路，不料一学期下来，教师为他写下了这样的评语："瓦拉赫很用功。但过分拘泥，难以造就文学之才。"

此后，父母又让他改学油画，可瓦拉赫既不善于构图，又不会润色，成绩全班倒数第一。面对如此"笨拙"的学生，绝大部分老师认为他成才无望。只有化学老师认为他做事一丝不苟，具备做好化学实验的素质，建议他学化学。这下瓦拉赫智慧的火花一下子被点燃了，最终获得了成功。

瓦拉赫的成功说明，孩子只有找到了发挥自己智慧的最佳点，才能使智能得到充分发挥，便可取得惊人的成绩。后人称这种现象为"瓦拉赫效应"。它同时也说明，孩子的智能发展是不均衡的，都有智慧的强点和弱点，要求他们各科成绩齐头并进是不现实的。

不过，中小学生的基本任务是系统地学习各科的基础知识。偏科孩子的学习心理与学科内容的难度和广度不能同步提升，会影响到他们正常的学习。某个科目总是学不好，久而久之就对这个科目产生了恐惧心理和排斥心理，成绩也就越来越下降。如果得不到正确的帮助和引导，往往会越是偏科，越容易走入厌烦该科的恶性循环。

天赋、教师、家庭、同学等，都可能成为孩子偏科的影响因素。对孩子泛泛地提要求、说道理是没有用的，必须找到问题产生的根源，对症下药，才有可能真正地帮助他摆脱这种糟糕的学习状况，帮他树立继续前进的信心。

孩子的智力发展倾向以及思维方式的差异，是导致偏科的主要原因之一。因为智力倾向不同，孩子就会对某些学科感兴趣，产生学习动力，积极主动地去学这门课；如对某门学科没有兴趣，自然不愿把工夫下在这门课上。

巴勃罗·鲁伊斯·毕加索是世界上最具影响力的现代派画家，其一幅画可拍卖到上亿美元。他从小就很有艺术天赋，但似乎永远都学不会枯燥无味的算术。他对父亲说："一加一等于二，二加一等于几，我脑子里根本就没法想象。不是我不努力，我拼命想集中自己的注意力，可就是办不到。"

一般来说，擅长形象思维的孩子，在逻辑思维方面就会有所欠缺，稍不注意，就会出现文科成绩好而数学和理科成绩不理想的情况。在这种情况下，要充分肯定他的长处，发挥他的长处，增强他继续学习的信心。在学习生活中教育他扬长避短或取长补短，以弥补理科学习上的缺陷，让理科学习达到基本要求。反过来，也是一样的道理。

如果孩子偏科，是因为以前没考好等原因对某一科有恐惧感，那么首先要让他保持冷静，帮助他从心底深处解开这个结，不能再怕下去了。让他把以前的课程再复习一两遍，然后找一些低年级的试卷来做，一般来说，会取得很好的分数。这可以让他认识到原来自己能取得好成绩，从而有勇气面对这一科。

一些孩子偏科，是受到与老师关系的影响。学生偏爱某一学科，往往是由于喜爱任教该科教师所致，偏爱某一学科，能提高该科学习成绩，而好的学习成绩，又强化了对该科的喜爱，形成良性循环；反之，学生不喜欢某个老师，也往往不喜欢某个老师所教的学科，久之，学习成绩下降，丧失对这一学科的信心，导致恶性循环。

所以，要告诉孩子，学习不仅仅是一场智商的较量，更多的是情商的较量，与老师相处则是学校生活必需的生存技巧，学会与老师沟通，特别是与自己不喜欢的老师沟通是十分必要的。一个有成熟思想的人，可以不接受老师的表现甚至做法，但是可以和老师保持合作关系，各取所需。

父母也可以主动与任科老师沟通，特别是向弱科的任科老师了解孩子偏科的原因，共同商讨可能的办法。譬如可建议老师多提简单的问题让孩子来回答，多给予赞赏和鼓励，增强孩子对弱科学习的信心和兴趣。

当然，某些孩子家庭中特定的文化氛围，也会诱发学生偏科，如家长爱好文娱，家庭艺术氛围浓，则孩子往往偏爱音乐；家长爱好体育，喜欢活动，则孩子偏爱上体育课。而有调查发现，家长是语文教师的，孩子爱学语文；家长是当数学教师的，孩子爱学数学。这就需要家长自己的兴趣要广泛一些，而不要仅仅局限于一两种爱好。

2006年5月，来自中国宁波的女孩朱成，成为哈佛大学校史上第一位华人研究生院学生会总会主席，引起哈佛大学及美国华人社会的注意。

在朱成的成长过程中，也曾发生过偏科现象。朱成进入初中后，很喜欢语文、数学、英语、物理等，唯独对化学不感兴趣。有一天，父母在看一个相声节日时受到了启发，于是和她在家表演了一个话剧——《五科争功》，爸爸分别扮演语文、物理、化学；妈妈分别扮演数学、外语；让朱成扮演大法官。

爸爸和妈妈分别代表各科上场，强调自己是最重要的一门学科，而其他

语文、物理重要！

数学、外语重要！

《五科争功》

学科都微不足道。朱成明白了其中道理，有意识地去多接触相关的知识，偏科现象逐渐消失了。

每次考试成绩出来，朱成都会这样报告自己的成绩："爸爸（语文）90分，妈妈（数学）95分……"对此，她有一个比喻："我爱爸爸，也爱妈妈，不敢偏心哪一个。"

美国哲学家爱默生说过："从现在起我的知识面要拓宽，不能偏于一门，广博的知识才是应变能力的基础。"相信只要明白了这个道理，再对症下药，耐心地帮助孩子调整学习心态，偏科现象一定是可以纠正的。

07 多元智能理论
孩子学英语越早越好吗

语言的过度训练能把人的大脑格式化。莫让语言训练阻碍了孩子创造能力的发展。

亲爱的心理学家：

您好。昨天参加一个朋友聚会，让我触动很大。我是带着4岁的儿子去的，几位朋友带的孩子也都差不多大，但他们的孩子好像懂得很多知识，还能说一些英语，而我的儿子什么都不会，只知道玩。

我觉得自己很没面子，又担心自己的儿子会输在"起跑线"上，毕竟现在的社会对英语的要求越来越高了。我想了想，主要原因是儿子所在的幼儿园不教英语。我准备下半年给儿子换个幼儿园，让他早点学英语。

我想请教一下，孩子学英语从多大开始合适呢？现在学是不是有点晚了？是不是越早越好呢？

——一位为孩子没学英语而懊恼的母亲

亲爱的朋友：

您好。看完您的信，我有点被你的这种迫切吓着了，我估计你也会把孩子吓着的。

在当下的中国，英语似乎成了进入精英阶层的通行证。不少家长为了自己的孩子能有一个更好的英语学习环境，宁愿送他们到海外就学。

但是在这种思维的背后，有没有考虑对孩子心智成长的影响呢？

语言是孩子思维的窗口，代表了孩子心理发育的水平，从小学习英语，对掌握英语无疑是好的，但首先要掌握好母语。

孩子在学习母语方面，往往表现出惊人的能力，甚至会让父母惊讶。但是这往往会让无数和您一样望子成龙、盼女成凤的父母混淆，误把这种能力混同于学习外语的能力。这虽然可以理解，但有点过于一厢情愿。

事实上，强迫孩子在4岁前读英语只是白费力气，因为这个时期孩子的大脑还没有发育好，没法区别"b"和"d"或者类似的字母。而且，也有学者研究指出：当孩子的大脑忙于掌握语言，如果训练过度，必然会压抑抽象逻辑思维能力的发展，语言能力强、外语好的孩子，数学、物理学习往往很吃力，学习成绩偏科。所以，一味地训练孩子的语言能力，反而限制了其他能力的发展。

虽然目前英语教学早已成了利润丰厚的商业活动，并且所有的广告都试图把孩子的英语水平当成决定未来的唯一因素。但英语学的好坏，并不代表孩子智商或能力的高低，同时学英语也未必是训练孩子学习能力的唯一工具。

根据美国发展心理学家加德纳的研究，人的智力是多元的，每个人至少存在着7种智力，即言语——语言智力、逻辑——数理智力、视觉——空间智力、音乐——节奏智力、身体——动觉智力、交往——交流智力、自知——自省智力。加德纳认为，这7种智力在现实生活中错综复杂地、有机地以不同方式、不同程序组合在一起。

孩子在进行智力活动时，这几种能力都在发挥作用。而每种能力的发展水平，又会影响到其他能力的发展，甚至影响整个智力的发展。在对孩子的学习能力进行训练时，要测验孩子的智能发展水平和注意力集中程度，然后进行有针对性的训练，而不是只注重语言的训练。

所以，父母一定要注意，莫让语言训练阻碍了孩子创造能力的发展。有

句话说，中国最好的学校出产世界上最好的考生，而美国最好的学校出产世界上最具创造力的人才。这个差距里面，也有中国孩子被迫学英语的"功劳"吧？

对孩子来说，学习一门外语的最佳方法就是听到别人流利地讲话，而这是需要必要的环境的。有句俗语叫"盗贼能说六国番语"，其实就是因为他们到各处作案，有学习各地语言的环境。

英语不是拿来学的，而是拿来用的。如果孩子小小年纪学外语，又没有机会去练习，必然觉得单调乏味，学得快忘得快。如果这么早学习英语最终是因为很少使用而被忘记，为什么还要牺牲孩子宝贵的玩耍时间呢？

我想，如果孩子自己有选择权的话，他最想说的一句英语应该是：English NO!

08 带体温的阅读
抱着孩子读书有道理吗

当你给孩子讲故事时，传递的不仅是故事信息，你的体温、神态和声音也同时传递给了他。

亲爱的心理学家：

您好。我是一个年轻妈妈，孩子刚刚4岁。因为平时上班忙，下班后也没有太多时间陪孩子，就从网上买了一些故事光盘，当宝宝要讲故事时，就给她播放这些故事光盘，宝宝也很喜欢听。

可是昨天有位同事来串门，说现在流行"带体温的阅读"，就是抱着孩子一起读书或讲故事，这样对孩子的智力发展更有好处。我不知道同事说的是否有道理。想请教一下，孩子的智力发展和体温阅读真的有什么关系吗？

——一个正在带孩子的母亲

亲爱的朋友：

首先，你能有意识地给孩子讲故事，是一个很好的起点。陪孩子读书，受益的不仅仅是孩子，也会令父母受益匪浅。

那么，光盘能不能真的替代父母给孩子讲故事呢？

20世纪60年代，新西兰教育家赫达维（Holdaway）等学者，首创了一种成人和儿童互动式早期阅读法，提出了"亲子阅读（Shared-book reading）"的概念，也就是所谓的"带体温的阅读"。美国纽约州立大学的一项调查研究表明，对学龄前儿童来说，在父母的帮助下进行积极、投入式的阅读，语言和思维发展水平提前6~8个月。

带体温的阅读之所以有道理，首先在于故事本身并不是最重要的，最重要的是讲故事的那个人。他对孩子日后的生活质量一定有深厚的影响，并能够把故事里的道理运用到生活里去。

其次，抱着孩子阅读或讲故事，确实比让孩子自己读书有好处。因为人身体的冷热感受，与他的情感有深刻的联系。

一般来说，"冷"或"热"用于表示温度高低。但是根据《科学》杂志的报道，心理学试验表明，感官的冷暖确实会影响人的感觉和心情，甚至还会影响判断力。比如在寒冷的天气里，手捧一杯热咖啡来温暖双手，它也会同样温暖你的心。温暖的东西，会使人做出更积极的判断和行动。反过来，冷漠和排斥的态度，确实让人感觉到身体发冷。中国古人说的"良言一句三冬暖，恶语伤人六月寒"，就是这个道理。

走进教堂，圣母玛丽亚怀抱婴儿的肖像，已经成为人类文化中的一个图标，这其实是有很深的寓意的。

整个社会温暖的概念是从婴儿时期发展出来的。人的快乐首先来源是嗅觉、触觉和听觉。刚一出生，婴儿就能够识别父母的声音，并且会更加喜欢它们。满怀慈爱地把孩子抱在怀里，正是对他心智和身体发育的最好刺激，效果甚至比喂食的效果更好。

一些有趣的研究表明，刚生完孩子的母亲，胸部的皮肤比身体其他部位的体温高1~2度，为新生儿提供了天然的保温场所。妈妈们能够为婴儿调节温度——如果婴儿的体温下降，母亲的体温升高，如果婴儿体温升高，则母亲体温下降。母子之间的联系似乎源自生产过程本身。

婴儿躺在母亲或父亲怀抱里时，肌肉更放松，呼吸更深沉。通过触摸和

孩子将来成功与否，最关键的是每天晚上陪伴他给他睡前讲故事的那个人

安抚，父母的自主神经系统可以有效地和婴儿的神经系统进行交流。当父母轻拍或轻摇时，婴儿的紧张就可以慢慢消失。有研究者发现，婴儿和母亲的心率是同步的，如果母亲处于放松和稳定的情绪状态，婴儿也会如此。

对孩子的智力发育来说，"带体温的阅读"更有好处。因为当你给孩子讲故事时，传递的不光是故事信息，你的体温、神态和声音也同时传递给了他，同时，在阅读中即时回答孩子的问题，在阅读后进行讨论，对孩子来说比故事本身更为重要。

美国《财富》杂志在采访了多名成功人士之后，得出的结论是："孩子将来成功与否，最关键的是每天晚上陪伴他给他睡前讲故事的那个人。"所以，父母千万不要过于依赖光盘或MP3，能自己讲的时候还是要自己讲。

09 学习障碍
孩子阅读困难怎么办

应对读写困难的最好方法，就是使用多感官方式，将听觉、视觉和触觉学习方法结合起来，教孩子技能和概念。

亲爱的心理学家：

　　您好。我儿子很聪明，但是学习成绩不好，朗读的时候丢字漏字，读完了不知道什么意思，写作业很慢，才小学三年级，要写到晚上10点，他同学只要1个小时就能完成作业。他们老师说孩子看书时嘴里都在念叨，可能有读写困难症——阅读障碍，我该怎么办？

　　　　　　　　　　　　　　　　　　——为孩子学习而担心的家长

亲爱的朋友：

　　你好，从你的描述来看，您的孩子很可能有读写困难症。

　　读写困难症是一种学习障碍，主要影响孩子阅读和深入理解语言的能力。在多数情况下，孩子在阅读、朗诵、书写、发音时比同龄孩子困难。

　　实际上，读写困难的孩子远比我们想象的要普遍得多。国际阅读困难症防治协会估计，这类患者占学生总数的8%~15%。在美国，发生几率是15%，香港是12%，中国内地是10%。也就是说，整个中国有5000万儿童有不同程度的读写困难，数量相当于法国人口，仅北京地区就有10多万！

　　许多名人都曾患有读写困难症，科学家爱因斯坦、英国维珍公司创办人理查德·布兰森、著名模特朱迪-基德等都饱受此苦。好莱坞明星汤姆·克鲁斯说："我患有'诵读困难症'，许多小伙伴以此来取笑我。这一经历使我的内心变得极为坚强，因为你需要学会平静地接受这种嘲讽。"

有研究表明，读写困难与脑部运作方式有关，而不是由智商或学习态度引起的。这一点我们必须记住。实际上，读写困难的孩子可能是聪明过人的，而且有很多令人惊讶的优点。他们可能在艺术、音乐方面表现卓越，或者有可能成为一名职业运动员。而且，他可能比班里的其他任何同学都更努力。

读写困难是一种"无法预知"的学习障碍。这主要是因为孩子的潜力往往超出成人的想象，他们会用一种独特的方式，将读写困难隐藏起来，比如说记住了故事里的单个字，并且利用文章的线索来领会这些词。这样，家长和老师可能会忽视这个问题，直到孩子升到三四年级。

读写困难在每个孩子身上的反映是不同的。下面是一些读写困难症较普遍的征兆，孩子可能只表现出其中的一种症状——

开始说话较晚；要花一段时间才能把词说出来；喜欢听别人读故事，但是对字词或拼音不感兴趣；运动技能较差；不能分辨出押韵的字词。

很晚才形成左右手使用习惯，经常颠倒字母和数字（b/d，p/q等）；书写不够清晰，结构性很差，一些字词中间错误地留出空隙；读故事的时候，经常添加或者遗漏一些单词；理解困难。

受这些问题困扰的孩子，决不会某天早上一起床后就突然豁然开朗，把所有事情都懂了。问题不仅无法靠孩子自己解决，甚至会随着年龄增长而越来越严重。因为他们有一套自己独特的学习方式，如有的通过视觉学习，有的通过听觉学习，而学校老师都是通过听觉学习来授课，用语言讲述内容，所以上学后他们无法对老师传授的信息进行加工，造成读写困难。

从理论上说，应对读写困难的最好方法，就是使用多感官方式，将听觉、视觉和触觉等结合起来，教孩子技能和概念。

有人通过自己的实践发现，拿起一本书给孩子讲故事时，不要"讲"而一定要"读"，即完全按书上写的一个字一个字地给他读，而不要把故事内容转化成口语或"儿语"。

原因在于，对于白纸一样纯洁的孩子来说，任何词汇于他都是全新的。我们认为"通俗"的或"不通俗"的，于他来说其实都一样。"大灰狼悠闲地散步"和"大灰狼慢慢地走路"，在刚学说话的孩子听来，并不觉得理解哪个更难。

当孩子理解了文字的作用，把故事与文字联系到一起，那么文字在他的眼里就是有内容的，就是有趣而生动的故事，一点也不空洞、枯燥。这对于培养孩子的读书兴趣是十分重要的一环。

读写困难等语言障碍，是儿童语言发展过程中一种常见现象，和其他病理性障碍并不是一回事，严格来说甚至不能算是"病"，而且大多完全能治好。一般来说，予以足够的重视和及时、科学的矫治，不会影响孩子的学习和心理上的健康成长，而且矫治愈早，疗效愈好。

1996年，英国安德鲁王子的女儿比阿特丽斯公主7岁了，但被发现患有读写困难症，经过多年的努力，到2005年时，其阅读和写作已经和同龄人差不多了。

作为家长，应给孩子更多的爱心、关心和耐心，为孩子提供一个宽松的生活、学习和治疗背景。研究证实，良好的环境可大大提高治愈率。孩子的成长就像竹子一样，在花园里栽种下之后，4年间你辛辛苦苦地坚持给他浇水，他只长了几厘米；到第5年，不经意之间他却一下子蹿高了近1米！

10 蔡戈尼效应
孩子不喜欢阅读怎么办

人都有一种自然倾向去完成一个行为单位，如解答一个谜语，读完一本书等，这种"心理张力"可以使人经常处于"适度紧张"状态，从而保持积极的心态。

亲爱的心理学家：

您好。我有个上初中的孩子，各方面表现都很好，就是不喜欢看书。我们要求她一学期读三本书，但是无论是买还是借的书，她从来不读。为什么会这样呢？我越是告诉她要读书，她越是不肯读。最后，我甚至限制她看电视和上网的时间，但看上去没什么效果。不知你能否给我些建议，培养她读书的兴趣呢？

——一个为女儿不爱读书而疼痛的母亲

亲爱的朋友：

您好。书籍是人类的巨大财富之一，读书可以休养身心、开阔视野。

美国伊诺斯大学的研究者德·多金（De Donjon）教授对205名具有较强阅读能力的儿童进行了调查研究。结果表明，这些儿童都在学龄前就已经具备相对独立的阅读能力，他们的共同之处是：从很小的时候起，父母就使他们养成了爱读书的习惯。

但是在当代中国，阅读却成了很多家庭的奢侈品，人们越来越喜欢呆在电视或电脑前。如果小孩看到父母都不阅读，很难想象他们会主动坐下来静心读一本好书。

让孩子喜欢上读书，强制几乎是最坏的办法，甚至会适得其反。因为即使是再有乐趣的事情，也没有任何人愿意在别人的强制下去体验。

说起阅读，有些父母往往与识字或接受信息量联系在一起，把阅读当做一项作业，从而忽略了兴趣的提高和能力的培养。他们关心的只是孩子认识了多少字，而不是和孩子分享阅读的快乐，这对孩子是非常不利的。

我们必须理解，读书并不是孩子的功课，而是一种生活方式，是一个家庭休闲和相处的一个环节。只有理解了这一点，读书才会成为孩子生活中的一部分。

真正的阅读，应该是"悦读"，而不是苦读。不要只命令他去读书，而是和他一起读，使他认识到读书不纯粹是学校的要求，大家是因为爱读书而读书。

忙碌而专心的大脑，对愉快的感觉输入会特别注意。至于读什么不读什么，大可把选择的权利交给孩子，或者至少让孩子亲自参与选择书籍的过程。找到最好的书籍，固然可以激发和建立孩子们对读书的兴趣，但是他自己选择的东西，他会更感兴趣。

宋代大儒程颐先生曾经指出："教人未见其趣，必不乐学。"不要让孩子读那些他不感兴趣的东西，不要让孩子读那些超出他认知水平的书，无论那书多么经典或者获了多少奖。

另外，在培养孩子爱上阅读的过程中，我们有必要利用一下心理学的效应。

俄国心理学家布鲁玛·蔡戈尼（Bluma Zeigarnik）曾经做了一个实验。她给128名孩子布置了一系列作业，诸如读小说、制作泥人、做算术题、看图作文等，让孩子们完成其中部分作业，而另一些作业则在孩子们进行到一半时令其停止，不再完成。

几小时后，她要求孩子们回忆他们所做作业的细节。结果发现，有110名孩子能清楚地记住尚未完成的作业，而对已经完成的作业，则印象模糊，甚至不记得了。

　　这个实验证实，包括孩子在内，人都有一种自然倾向去完成一个行为单位，如解答一个谜语、读完一本书、学好一门语言等，这就是所谓的"心理张力"。"心理张力"可以使人经常处于"适度紧张"状态，从而保持积极的心态。

孩子们清楚地记得未完成的作业，
对已完成的作业，却记忆模糊

　　我们了解了这个效应之后，可以创造性地运用孩子的"心理张力"，提高他们的学习主动性。下面是一位妈妈所写的经验——

　　4岁的斌斌每晚睡觉前，总缠着妈妈给他讲故事，却不肯自己看书。这天晚上，妈妈拿了一本崭新的故事书，给斌斌讲故事。故事写得精彩，妈妈讲得生动，斌斌听得津津有味。

　　正当讲到最精彩的时候，电话铃响了，妈妈放下书去接电话。十多分钟之后，妈妈回来了，发现斌斌正捧着故事书，专心致志地看呢，妈妈的脸上露出了狡黠的微笑。

还有一种激发孩子阅读兴趣的简捷办法，是给他提供那些拍成了电影或者来自电影的书。很多人看了电影以后，都会选择去买原著来读一读，孩子也不例外。

与孩子一起探讨，也可以提高他的读书兴趣。虽然读书是很个人化的活动，但每当读完一本书，几乎每个人都想和人来讨论下刚才所看的内容。可以和孩子一起阅读，并把你所喜欢的部分告诉他，然后问他对哪一部分更感兴趣。这样做还可以拉近父母与孩子之间的距离。

你们可以依偎在一起看各自的书，或者轮流大声地朗读他的书。每天留出时间来，全家静静地坐在一起读书，分享一下各自看到的有趣的文章。

读书时可以准备一些音乐或者美食。人的大脑天性会寻求新鲜的、色彩缤纷的、有音乐感的、移动的、芳香的感觉输入，把这些感觉与读书结合起来，能够使他们享受读书的快乐。

让孩子爱上读书是一个长期的过程，只有脚踏实地，才不会使他的热情过早消散。与其一口吃成个胖子，不如一次只给孩子看好一本书。只有这样，他才会用更大的热情对待下一本。孩子对阅读的期待，也会随着每读完一本书而愈加强烈。

11 易感效应
孩子喜欢反复看一本书好吗

在反复的阅读中，由于先前的阅读已经改变了阅读者的知识结构，再读一遍，他就会更容易觉察书中所包含的潜在意义。

亲爱的心理学家：

您好。我的孩子4岁半了，他总是喜欢反复地看一本书，有一本书我给他讲了以后，他自己看了足足一年了，还是不肯换别的。请问这是怎么回事呢，怎么办呢？

——一位父亲

亲爱的朋友：

对于只有几岁的孩子来说，反复看一本是极其正常的现象。

由于记忆力和理解力还相对有限，书里新奇的词汇、表达方式和知识素材，往往需要经过多次的重复，才能在不断地强化中纳入长时记忆，成为可以随时提取的思维素材，所以孩子反复看一本书是正常的。

而且，人对外界的事物都是越理解、越熟悉就越喜欢，当孩子重复看某本书的时候，他既获得了精神的愉悦，同时又满足了好奇心和探索欲，可以深入体会书中的意境和变化，身临其境地体会人物的感受。

可以说，看一本书总要翻来覆去重复看才觉得"过瘾"，是一种积极、正向的心理行为，我们做家长的不仅不需要害怕孩子重复看书，甚至要鼓励孩子重复读一本书。

在反复阅读中，由于先前的阅读已经改变了阅读者的知识结构，再读一遍，他就会更容易觉察书中所包含的潜在意义。这种现象，在教育心理学中称为易感效应。

据美国MSNBC网站报道，发表在《消费者研究》期刊的一项新研究，对人们反复阅读同一本书或回放同一部电影的动机进行了调查。结果发现，对大多数人来说，这种"二次消费行为"的举动，并不是为了回顾或记牢其中的内容、细节等，而是希望自己能用一种全新的视角来看待它，从中挖掘出更多有用的信息，获得新的启发。

美国大学消费心理学家克莉斯汀·岁素也表示，回顾以前的经验，重复读一本书是一种积极、正向的心理行为，可能是源于人们天生的好奇心理。这就像是对自我的一种挑战，有助于激发人们的探索欲望，进一步从更全面、独特的视角思考问题。

中国宋代诗人苏轼曾经写过一首诗，叫《送安敦秀才失解西归》，开首两句就是"旧书不厌百回读，熟读深思子自知"，这与著名宰相赵普所提倡的"半部论语治天下"的道理是一样的，即多次读一本书，每一次都可以提供一种新的思考和收获。

有一次，张方平遇见苏轼的父亲苏洵，就问他苏氏兄弟在看什么书。苏洵回答："苏轼正在读第二遍《汉书》。"张方平惊讶地说："世间的书还有值得读两遍的吗？"

苏轼后来听到后说："看两遍有什么稀奇？这位先生不晓得世间还有值得读三遍、四遍的书！"

苏轼在诗、词、散文、书法、绘画等领域都能开风气之先，而在读书方法上，三四遍地读一本书也正是他的独创。他在《又答王庠书》中，答侄女婿王庠"问学"，介绍了这一读书方法。

"世间的书还有值
得读两遍的吗？"

"看两遍有什么稀奇？大佬
不晓得世间还有值得读三
遍、四遍的书！"

张方平

苏轼

    他在信中说："少年为学者，每一书，皆作数过尽之。书富如入海，百货皆有之，人之精力，不能兼收并取，但得其所欲求者尔。故愿学者，每次作一意求之。"意思是说，年轻人读书，每一本好书都读它几遍。世界上的书就像大海一样丰富，什么领域的都有，但是人的精力有限，不可能兼收并取，只求得到想要的就可以了。希望学者读书，每次都只带着一个目标去读。

    其实，苏轼就是这样来读《汉书》的：第一遍学习"治世之道"，第二遍学习"用兵之法"，第三遍研究人物和官制。数遍之后，他便熟识《汉书》多方面的内容。

    中国大数学家华罗庚先生曾经说过，读书的真功夫在于"既能把薄的书读成厚的，又能把厚的书读成薄的"。按照苏轼的方法，读厚又读薄的过程，实际上就是把这本书读成几本书，进而化为自己所有的过程。一本《汉书》，在苏轼那儿被读成了《汉书政治学》、《汉书军事学》和《汉书人物志》几本甚至更多本书。

由此可见，一本书孩子看得越深入越好。在孩子看书的过程中仔细观察，可以了解他的专注程度。如果孩子拿一本书翻一翻，还没有看明白，又看另一本，就说明给他的引导就有问题。

12 朗读记忆
读书是出声好还是不出声好

如果孩子需要记忆某篇文章的一些内容，他应该先找出那些最重要的信息，大声地读出它们，以便更好地记牢它们。

亲爱的心理学家：

您好。我的孩子现在上小学，嗓门很大，记忆却很差。二年级时，他被语文老师批评是"老和尚念经——有口无心"，从此受打击，读书喜欢默读。可是现在有老师说要大声读才记得住，难道出声的记忆效果真的会更好吗？又用口又用脑，不会分心吗？

——为孩子读书而烦恼的父亲

亲爱的朋友：

在这一点上，那位语文老师应该向您的孩子道歉，但不是为他的观点，而是为他的态度。他的原意是要孩子在思考和理解的基础上读书，而不仅仅是大声地朗读。

在这个问题上，口与心其实是不矛盾的。大声地朗读，也并不影响孩子的思考和理解，甚至有助于记忆。因为朗读是一种"运动记忆"，在大声朗读时，口腔肌肉的运动沿着某种惯熟的"路径"形成一种长期记忆，由此产生的记忆效果可以延续几年、几十年甚至终生。

明代的王阳明说："讽之读书者，非但开其知觉而已，亦所以沈潜反复，而存其心。抑扬讽诵，以宣其志也。"他的意思是，朗读不仅可以增加知识，而且能陶冶性情，使人心机灵敏而有追求。

这种观点和苏联教育家瓦·阿·苏霍姆林斯基是不谋而合的，苏霍姆林斯基曾经指出："在小学里，你要教会所有的儿童这样阅读：在阅读的同时能够思考，在思考的同时能够阅读。必须使阅读能达到这样一种自动化的程度，即用视觉和意识来感知所读材料的能力要大大地超过'出声地读'的能力。前一种能力超过后一种能力的程度越大，学生在阅读时进行思考的能力就越精细"。

说到底，这也就是孔子所说的"学而不思则罔，思而不学则殆"的道理。但是任何事情的利与弊，都不是绝对的。日本有一位叫高木重朗的心理学家曾说过，"一般来说，朗读比较好记。尤其是头脑不清醒的时候，更应该清楚地读出声来，这是因为朗读会给大脑以刺激，思想容易集中到一点，整个身心好像进入了'临战'状态"。

高木重朗与苏霍姆林斯基的观点似乎是针锋相对的，应该听谁的呢？还是来看看实证的研究吧。

在2010年5月的《实验心理学》杂志上，有一篇由考林-麦克劳德等撰写的论文，题目是《学习、记忆与认知》。文章建议说，在学习时，偶尔自言自语、念念有词，也许是个不错的主意。

在文章中，他们通过实验研究了人们对像单词表一类事情的记忆。他们发现，人们记忆单词时，默默地阅读单词表里的一半单词，同时又大声地念另一半的话，那么大声念时记住的单词比默读时要多得多。

由此可见，我们不能泛泛地说出声朗读一定能帮助记忆，苏联人和日本人各说对了一半。

出声朗读比默念成绩好的原因在于：口中朗读的词，变成语音又被他的耳朵听到，他知道曾经"生产"过它们，并且记得曾经听到过它们。这样的信息使他念过的单词，有别于默读的其他单词，因而被记得更牢。

一学生复习英语，照例一边朗读课文一边口译，这种复习很枯燥，他勉为其难地读着。忽然，他哈哈大笑起来，原来他找到一种好玩的读法，就是分别用网络语言和方言翻译，比如读到某人在哪一年去世的，就口译成："挂机了"、"翘忒"、"撂了"。

这样一来，他自己笑得乐不可支。后面，一碰到类似的有关单词，他都会这样译，朗读兴趣大增，功课很快复习完了。

记忆的窍门之一是"独特性"。是因为，独特的东西让我们更记得住。例如多少年以后，当你遇到老同学老朋友时，每个人似乎都以不同的方式，记得学校里那个与众不同的孩子。

所以，如果你的孩子需要记忆某篇文章的一些内容时，他应该先找出那些最重要的信息，大声地读出它们，以便更好地记牢它们。即使是小声地念叨一番，也有助于使它们更令人难忘。

朗读能加深记忆、巩固记忆，能唤起人们的感知和想象。但是，如果一齐朗读大量的内容，效果可能不如朗读其中的重点。可见，读书出声与不出声哪个更好，从记忆效果来看，是没办法定性地分析，而需要定量分析。

13 有意义学习

孩子是不是越早识字越好

父母完全没必要在学龄前给孩子太多的"知识灌输"：会做多少算术题、能识多少个字或者能背多少首唐诗，这些都不是很重要的。

亲爱的心理学家：

您好。我有一个女儿，一直是按照自己的思路来培育的。我始终认为，孩子嘛，就要身体好、多运动、多玩多动手，吃饱了、喝足了、睡好了，开开心心就行。

可是，前几天，我的一个同事把孩子带到公司。这个年龄和我女儿差不多的小家伙，居然能认几百个字。据我同事说，是从小就用识字卡教的。

看到这个孩子后，我有点动摇了。识字没耽搁孩子什么，但是因为能识字，她就能看很多书了，能知道好多事情、道理，又与妈妈爸爸的教育相辅相成。我想请问一下，孩子是否应该早识字、早读书呢？

——一个妈妈

亲爱的朋友：

关于早教的问题，很多家长有一些似是而非的认识，比如认为早教就是让孩子早识字、早背唐诗，甚至是学英语。

几年前，一个朋友带孩子来做客。这个年龄和笔者儿子差不多的小家伙，也能够认几百个字。据朋友说，是从小就教识字，买幼儿图书在睡前给孩子讲解，将识字卡片贴在家中的物品上随时复习，看电视、逛街时也抓住一切机会教宝宝认广告、招牌上的文字……

但事实上，教育家卢梭很早就给这种努力泼过冷水。他指出，幼儿过早识字毫无意义，他形象地说："人们在煞费苦心地寻找教读书写字的最好办法，有些人发明了单字拼读卡和识字卡，有些人把一个孩子的房间变成了印刷厂。真是可怜！"

事实也证明，晚识字不见得一定会影响智力的发展。据记载，清朝的戴震9岁时才会说话，10岁时才入私塾读书，而后来他却成为集哲学家、数学家、训诂学家、地理学家和教育家为一身的大学问家；北京大学副校长陈章良教授在7岁之前也不识字，而他不到30岁就成为博士生导师。这说明，识字早晚和以后的智力水平以及取得的成就，并没有必然的联系。

首先，过早识字这样明确而直接的学习，会影响孩子独立和有创造性地发现解决问题，限制其探索多种解决方案的能力。

加州大学的心理学教授艾莉森·高普妮克（Alison Gopnik），曾经在美国知名网络杂志*Slate*上发表了一篇文章，用实验结果来解释了这一点。

文章的题目是《为什么幼儿园不应该像学校：新研究表明给孩子教的越多，越适得其反》，其中指出，在孩子非常小的时候，太多的直接指令，或许可以帮助儿童学到具体的技能与知识，然而却忽略了儿童的好奇心与创造性，后者从长远来看对于学习则更为重要。

最近听到一个调侃教育过于功利的顺口溜："在幼儿园读小学的课程，小学读中学的课程，中学读大学的课程，大学毕业后，再回头补习幼儿园的课程。"想一想，这又是何苦来着？！

其次，在孩子会读文章之前的识字方法，多是一种低效能学习。

美国著名心理学家奥苏贝尔（D.P.Ausubel）在教育心理学中最重要的一

个贡献，就是提出"有意义学习"，这是一个和"机械学习"相对立的概念。他的重要论断是：有意义学习才是有价值的。

依据他的理论，无意义音节和词只能机械学习，因为这样的材料，不可能与孩子的认知结构中的任何已有观念建立实质性联系，这样的学习完全是机械学习，所以是低效学习。

今天，教孩子认字最简捷、最常用的一种方式是识字卡。有很多家长认为，利用识字卡的确能提升和掌握不少的数字和文字，何乐不为？报纸上曾经登过一个消息，说一个4岁的孩子能认得2000个汉字。原来是他的爷爷在家贴满了识字卡片，每天让孩子认。

然而，学外语的人都知道，如果孤立地背单词忘得很快，但如果把单词放到语境中学习，效果就非常好。所以，即使孩子通过识字卡认了好多字，如果不能专注地读一本书的话，那就是把识字和阅读割开了，可能早早地破坏了孩子的学习兴趣和自信心。

迷恋识字卡的父母，建议阅读一本名为《爱因斯坦不玩识字卡》的书，它会告诉你把智力和表现能力混淆的危险性。

孩子智力的关键是如何学习、如何吸取经验和如何解决问题。4岁的孩子会认汉字和数字，随时可应成人的要求而反应正确，就被视为聪明，其实这只是一种表现的能力，与智力无关。

婴幼儿的思维以具体形象和直观的行动思维为主，他们在理解事物时，是借助具体事物和直观行动进行的。要让他们区别盐和糖，与其带着他们三天化验、五天观察、七天分析、九天研究，不如让他们自己用嘴去尝一下。

浙江师范大学心理系曹晓华副教授等研究者揭示：我们读到汉字，大脑会有专门的区域来加工这些汉字的视觉形状信息，这个专门区域就在左脑，心理学上把这种能力称为"专家化技能"。儿童大脑里的汉字识别机制到7岁才初步成熟。过早地让他们背唐诗、学习加减法等，往往只能是死记硬背或是囫囵吞枣。

教育学者也认为，其实父母完全没必要在学龄前给孩子太多的"知识灌输"，会做多少算术题、能识多少个字或者能背多少首唐诗，这些都不是很重要的。

相反，父母要做的是启蒙孩子的想象力和探索精神，以及与人沟通的表达能力，并且要能养成今日事今日毕的良好习惯。这些能力才是基础中的基础，远比单纯地学"知识"重要得多。

14 字如其人
现在还有必要教孩子练写字吗

比起用键盘打字的孩子，用手写字的孩子们能用更多的词汇，写得更快，还能表达更多的意思。

亲爱的心理学家：

您好。最近我和妻子为了孩子报培训班的问题发生了分歧。

孩子刚上小学三年级，书面作业很差，字迹潦草散乱，班主任老师曾在他的作业本上狠狠地打下大大的"×"，并在课堂上点名批评，展示给全班同学看。

正因如此，我想让孩子上书法培训班，可是妻子认为，参加美术、音乐等艺术培训，成为特长生，能为以后考取重点高中美术特长生、艺术类大学做准备。因为每年重点高中针对美术、音乐等艺术类特长生，均有一定录取名额，而对于书法特长生几乎没有特长生名额。

她还说："字写得好坏不要紧，反正以后都用电脑打字!"、"学校花这么多工夫练写字，还不如多教几道奥数题。""作文都要求用电脑打印，课堂笔记也可以用MP3录音，平时能用到手写的地方很少。"

听她这么一说，我还真有点拿不定主意。我想请教一下，现在还有必要教孩子练习写字吗?

——一个困惑的父亲

亲爱的朋友：

您好。正如您所说，随着电脑的普及和"无纸化办公"观念的推广，很多人都开始同意一个论调——练写字还不如练练电脑打字，反正以后主要是用电脑。人们在生活中越来越少用笔写字，也就出现了"一手好字叫键盘废了"的现象。

这种观念反映在孩子教育上，就是对书法教育的忽视。

的确，与电脑输入的快速、整洁、美观、大方相比，传统的书写似乎已经成为一种落伍行为。有人甚至认为，就如同当初钢笔圆珠笔挤垮了毛笔一样，鼠标键盘挤垮笔杆也将成为时代进步的标志。

但是，问题真的是这么简单吗？

古人说"为书之道，练字次之，练心为上"，说的是练字并不是仅仅在纸上写字这么简单，它还会培养人的心性素养。事实上，这种观点也得到了现代心理学研究的支持。研究表明，用手写字可能是一种训练大脑的重要方法。

美国华盛顿大学的心理学教授维吉尼亚·贝尔宁格（Virginia Berninger）说，"用手书写与用手敲击键盘打出字母不同，前者必须要用线条创造出字母。这些手指的运动能激活大脑中涉及思考、记忆以及语言等很大部分区域。所以，书写帮助孩子学习文字和形状，促进他们想法的形成，还可能使运动技能得到发展"。

贝尔宁格研究发现，在二、四、六年级写作文时，比起用键盘上打字的孩子，用手写字的孩子们能用更多的词汇，写得更快，还能表达更多的意思。

《认知神经科学》杂志一项研究表示，不仅仅是孩子们受益于手写，成年人在学习一门新语言的时候，手写比敲键盘更能帮助记忆。

最近一项调查显示，83%的人有提笔忘字的经历，74.2%的人在工作生活中手写机会不多，68.8%的人有一年以上时间没收到过别人的手写稿。当我们因为用久了电脑，而突然发现已经"提笔忘字"的时候，也许并不仅仅是因为对字生疏，而有可能是因为大脑中的某些部分发生了改变（更可能是退化）。

日本的电脑普及率很高，但他们每年仍会举办"写字节"。每到这一天，成千上万的日本人就聚集在一起写大字，场面十分壮观。

哲学家尼采曾经说："我们所用的写作工具参与了我们思想的形成过程。"

我们的孩子有幸出生在方块字的国度，要珍惜这样的机会，不要把孩子放逐在书法美的国度之外。世界上的文字几乎都是表音的——拼音文字，唯独汉字，既不是拼音文字，又不是象形文字，行如流水的草书，秀丽的楷书，端庄的大篆小篆，都充满了独特的魅力和深厚的文化积淀。

书写过程就是人"心手相通"的过程，是进行"投射"和"反射"的过程。从一个人的笔迹，甚至可以看出其性格禀赋与发展潜力。据说宋朝抗金名将宗泽一见到岳飞龙飞凤舞的手迹，马上说"此非凡品也"，提拔岳飞于行伍之中。

正如汉代的扬雄在《法言·问神卷第五》中指出的："言，心声也；书，心画也。声画形，君子小人见矣。"意思是：一个人的语言，反映其内心境界；一个人的字迹，反映其德行品性。按这两点，就可以判断此人是君子还是小人。

写字对于孩子们形成性格至关重要，如果从小写字不认真，以后做事很可能不认真。而练字，可以对孩子性格中的固执、柔弱、生硬、急躁、粗心、厌学、注意力差等弱点进行矫正，使其成为一个观察力强、心思细密、沉潜内敛而富责任感的人。

厦门教育学院的心理学家金一贵老师认为，通过改变书写者原来运笔中不好的习惯，使新的书写行为形成投射，使之向内在的心理活动转化，进一步反射到大脑，并形成记忆，有助于新的良好的心理个性品质的培养。他曾举了一个例子——

练毛笔字，让我性格变得开朗，
还交了不少朋友呢！呵呵～～

　　初一男生小辉性格内向，但好动有胆量，起初写字字间距、行间距很紧（为自己考虑多，对人际关系较认真），笔画直且硬，横折直角多（思维与行为表现刚且生硬），横画短、上仰，字瘦长，上紧下松，笔画挤往中间（有上进心，多思，良好的思维没充分展开，容易心烦）。

　　后来，小辉有针对性地进行字帖临摹训练，几个月后他的书写有了明显改变，性格也随之开朗了不少，且有了不少知心伙伴。

　　除了对性格的影响，练习书法还能够加强孩子的注意力、辨识速度与准确性，有助改善其抽象推理能力、视知觉能力、视空间能力及短期记忆，对于孩子的智力发展的作用也不容小看。

15 延迟满足
怎样培养孩子的耐性

耐性或者说自控力，不仅能防止孩子吃掉一整袋薯条或者把信用卡刷爆，甚至可以决定孩子将来是得到一份好工作还是去坐牢。

亲爱的心理学家：

您好。我孩子现在4岁半，我觉得他没有耐心，不够专心。举例子说明，他看电视时喜欢一会坐着，一会站着，看一会儿就急于换另一个频道，如果得不到满足就马上失控地跺脚尖叫；我教他看图画书，他也是看一阵子就要走开或者要玩别的玩具……

上个星期天，我们带他去郊游。刚刚走到楼下，他爸爸突然想起忘了带相机，于是嘱咐孩子等一下，自己匆匆忙忙地上楼去拿相机。尽管父亲用最快的速度跑上跑下，可孩子还是急得直跺脚，嫌父亲麻烦，嘴巴翘得高高的，弄得我很生气。

昨天下午，他从幼儿园回来，感到肚子饿了，马上拼命地叫喊："饿死了，我要吃面包。"我急忙拿给他面包，同时又冲了一杯热牛奶。他吃了一口面包，又迫不及待地喝牛奶。由于牛奶很烫，他发现没法马上喝，就急得大哭："为什么把牛奶弄得这么烫？笨死啦！"我一边使劲地给热牛奶吹气，一边好言好语劝他等一下，牛奶马上就凉。可是，等牛奶可以喝的时候，他已生气地跑出门外，说不喝了……

请问这种情况会影响孩子的未来成长吗？如何能让孩子更有耐性呢？

——一位担心孩子的母亲

亲爱的朋友：

急躁和缺乏耐性，是目前很多孩子存在的通病。典型的表现是：做什么都不够专心，看电视喜欢频繁换频道，看书或玩玩具也是三分钟热度，要求稍微得不到满足，就会焦躁甚至失控、跺脚、尖叫……

追根溯源，今天的孩子越来越没耐性，和"快节奏"的生活环境以及我们的养育方式有很大关系：孩子渴了，不用再等热水放凉，有瓶装水和饮水机；孩子饿了，不用苦等饭菜熟，家中早备有许多点心小吃；要吃雪糕冰激凌，打开冰箱就有；一出门就有车，根本不用劳驾双腿费时又费力气。

可以说，他们的一切欲望，都可以用现代的、快捷的方式，就能"立刻、现在、马上"得到满足。

孩子们为这种"即时满足"式的成长方式付出的代价，就是耐性越来越差，对任何事情只有"三分钟热度"。

但是，他们生活的社会，并不会像他们的父母那样"即时满足"他。正如比尔·盖茨所说："高中刚毕业，你不会每年赚到6万美金；你也不会成为享受汽车、无线电话的副总统，除非你既当了副总统，又买了汽车、无线电话。"

在这个社会上，耐性对他们至关重要，甚至超过他们学到的知识。因为人们不仅能很快洞悉他们的耐力程度，而且还会借此评估他们是否可以信赖。

1960年，著名心理学家瓦尔特·米歇尔（Walter Mische）进行了一个有关耐性的实验。

他把一些4岁左右的孩子带到一间陈设简陋的房子，然后给他们每人一颗非常诱人的软糖，同时告诉他们，如果马上吃软糖只能吃1颗；如果你能坚持到老师回来后再吃，将奖励1颗软糖，也就是说，总共可以吃到2颗软糖。

在十几分钟的等待中，有些孩子经不住糖的甜蜜诱惑，把软糖吃掉了。

而有些孩子尽量使自己坚持下来，以得到2块糖。这些坚持下来的孩子所采用的方式是不同的：有的把头放在手臂上，闭上眼睛，不去看那诱人的软糖；有的自言自语、唱歌、玩弄自己的手脚；有的努力让自己睡着……最后，这些有自控力的小孩如愿以偿，得到了2块软糖。

心理学家继续跟踪研究参加这个实验的孩子们，一直到他们高中毕业。跟踪研究的结果显示：耐性或者说自控力，不仅能防止孩子吃掉一整袋的薯条或者把信用卡刷爆，甚至可以决定孩子将来是得到一份好工作还是去坐牢。

那些能等待并最后吃到2颗软糖的孩子，在青少年时期，仍表现出很好的自律精神和自控精神，能够等待机遇而不急于求成。为了长远目标，他们有一种暂时牺牲眼前利益的自控能力。

而那些急不可待只吃1颗软糖的孩子，长大后则表现得比较散漫、做事有始无终，而且自控力弱、适应性差、喜欢依赖，不容易融入新环境；在挫折面前，往往表现出急躁、畏难甚至暴力的苗头。

总体来说，有耐性的孩子长大后取得的成就，远远高于没耐性的孩子。

那么，应该如何培养孩子的耐性呢？办法只有一个，那就是给孩子撤掉

禁不住诱惑先吃糖的人能得到的糖数 = 🍬

HOLD 得住坚持不吃糖的人能得到的糖数 = 🍬 ×2

"卢古鲁斯的筵席"，培养他的自我觉悟、自我约束和毅力，并让他学会在决策时考虑后果。

对孩子欲望的满足，一般有延迟满足、适当不满足、超前满足、即时满足、超量满足五种方式。为了培养孩子的耐性，应对孩子采取"延迟满足"和"适当不满足"。如果父母习惯于"即时满足"孩子，他就难以接受有限的等待和忍耐，耐性也就无法培养起来。因为耐性并非与生俱来，它需要日复一日、年复一年地学习和自我克制才能获得。

例如，当孩子想要马上出门的时候，大人可以有意识地说："等我把你的水瓶洗干净、装上水，我们就下楼。"要让孩子学会等，必须把抽象的"等"化成具体的事情，并提供恰当的理由，让他看到并理解：实现自己的合理要求需要一点时间。

朋友有一个任性的儿子，为此很伤脑筋，打他、罚他站墙角、赶他早点上床、责骂他、呵斥他……用尽了各种各样的教育方法，都不起多大作用。

一天晚上，他和妻子在客厅看报纸，因为没有答应儿子的一个要求，小家伙便倒在地上，一边尖叫，一边用头撞地，同时挥手蹬腿。他和妻子一时不知所措，便置之不理，继续看报。

这恰恰是小家伙最不期望的情形。他站了起来，看看父母，又倒下去把拿手好戏上演了第二遍。父母有些惊讶地对视了一眼，再一次对此没有任何反应。

小家伙又倒在地上上演了第三遍。父母继续不理睬他。最后，他也觉得自己趴在地上哭叫很没劲儿，于是老老实实地自己爬了起来。从此，这位朋友掌握了对付孩子的好办法：以静制动。

除了以静制动之外，通过压力情境来训练孩子，也是提高耐性的办法之一。例如，孩子要买某件价格昂贵的玩具时，可以跟他沟通：可以买一个便宜的类似的小玩具，妈妈没有更多的钱买那个大玩具，如果你能接受，妈妈会很感谢你。孩子内心发生矛盾，就会尝试调节自己的需求无法满足时的情绪，达到心态平和。

提高孩子在做事时的耐性，可以利用一些小游戏来进行。下面是一个很好的案例——

美美做事情总是三分钟热度，不能坚持，爸爸妈妈为此很烦恼。这天，爸爸给美美带回来一个神秘的礼物——一只小罐子。爸爸告诉美美，小罐子里面有颗神奇的魔豆。如果美美能天天照顾它，给它浇水，等它长出来，就会发现它的秘密。

美美好奇极了，就坚持每天给魔豆浇水，每天看它是不是发芽了。终于有一天，小芽破土而出，美美可兴奋了。她仔细看，发现小芽的茎部赫然地印着两个字——"坚持"。美美明白了点什么。

有时，不妨人为地制造一点困难，然后鼓励他知难而进。比如3岁的宝宝"走迷宫"失败了，父母不妨告诉他：这确实有点难，但只要想办法还是能成功的，爸爸妈妈相信他。然后，告诉他一个窍门儿——反复说"我一定能走出去"。借助这一方式，孩子给了自己积极的暗示，就不会轻易放弃。

相信通过上述的小策略，您的孩子的耐性一定能得到提高。

16 钟摆效应
孩子经常发脾气怎么办

经常发脾气不是孩子的错，只是他成长过程中的一种学习障碍。

亲爱的心理学家：

您好。儿子快3岁了，上托班，脾气落差很大，一时是小天使，一时是臭脾气小霸王，经常发作，每日总有两三次无缘无故发脾气，发脾气时必定打人、大叫、摔东西。和他说好不许这样，完全没用，如何是好？

——一位苦恼小脾气的母亲

亲爱的朋友：

您好。很多家庭和你们一样，拥有一个脾气落差很大的孩子，他们一会儿是温和可爱的小天使，一会儿是臭脾气小霸王。他们的情绪就像一个摆动的钟摆，不时地从一个极端变成另一个极端。在心理学上，有人用钟摆效应来形容这种现象。

当孩子发脾气时，很多父母习惯于用成人世界的规则来解释孩子的行为：他这么做只是为了引起大人的注意；他只在乎他自己；他在挑战我们的耐性；如果他打心底里想做，他会做得更好……

这些解释，给孩子贴上诸如"固执"、"任性"、"不肯妥协"、"不讲理"、"不听话"、"想引人注目"、"没有控制力"和"叛逆"一类的标签。他们把孩子的暴躁脾气当成是一种有计划、有意的、有目的的手段。如果根

"爸爸，我终于拔出了所有的钉子，再也不会乱发脾气了"

据这种看法来决定干预措施，很有可能会忽略了问题的根源：经常发脾气不是孩子的错，只是他成长过程中的一种学习障碍。

这些孩子有好好表现的愿望，但是在灵活思维和承受挫折能力上比别人慢，也没有足够控制情绪及行为的能力，他们需要一个更加宽容的环境来发展这些能力。现在，把传统的观念放在一边，来尝试用严格有力的爱来帮助孩子吧。

要让孩子学会控制某一极端情绪，父母首先要了解引发他这一情绪的原因，替他说出感觉或动机，让孩子习惯于言语表达需要，才能诱导孩子逐步学习控制情绪及行为。如果遇上他身体不适或疲倦，可主动问孩子："困了吗？"如果他能正面表达出自己的需求，自然就不用发脾气。

要关注孩子脾气的特殊"触发点"。孩子行为反常是不是因为饥饿、疲惫或疾病呢？如果是，最好在这类"特殊情况"下避免与孩子起冲突。如果孩子已经很疲惫，就不要再要求他多做一件事情，否则孩子肯定会发脾气。

　　了解了孩子的动机之后，接下来要说明对他的要求，设定限制。比如，"你想出去玩可以，但不可以发脾气，应该说'我想出去玩'。不过，现在要先收拾桌子！"对孩子的要求要清晰，并且要贯彻执行，如孩子发脾气打人，可捉住他的手，简单但坚定地告诉他："不能打人，发脾气也要收拾桌子！"

　　孩子往往不明白"想要"和"需要"的区别，要让他们学会一条经验："你的危机并不是其他人的紧要事件。"如果他们为了想要看电视而发脾气，那就关掉电视，而不是把他们关进房间。前者是让孩子承受发脾气的直接结果，后者则是任意的处罚，会让孩子混淆因果而起不到应有的作用。

　　让我们来看下面的故事里，一位聪明的父亲是如何帮助孩子的。

　　有一个男孩脾气很坏，他父亲就给了他一袋钉子，并且告诉他，每当发脾气的时候就在后院的围篱上钉一根钉子。

　　第一天，这个男孩钉下了37根钉子。慢慢地，每天钉下的钉子数量减少了。他发现控制自己的脾气，要比钉下那些钉子来得容易些。终于有一天，这个男孩再也不会失去耐性乱发脾气。

　　父亲告诉他，从现在开始，每当他能控制自己脾气的时候，就拔出一根钉子。一天天过去了，最后男孩告诉他的父亲，他终于把所有钉子都拔出来了。

　　父母在严格要求的同时，也要表现关爱之情，解释自己的行为，或者让孩子选择其他方案，指导他们认清自己的作为以及更好的行为选择。若他不听从，继续发脾气，就必须承担后果："继续发脾气，就等于花掉那几分钟不能玩耍了，不如你快快收拾，等一下便可以多点时间玩。"

　　在这个过程中，首先不要担心冲突，更不要回避冲突。如果害怕孩子会因此而认为你过于严厉，那么等他长大面对上级的时候，他可能会不知道如何应对真正的严厉。

对于许多不愿意接受冲突的母亲而言，逃避冲突是最简单的方法。但是，只有清晰而坚定的要求，加上不折不扣的执行，才会使他的行为改善。

其次是要保持平静，来展示你自己的自制力。孩子需要知道他们的反应已经过度，但如果你也大喊大叫的话，他们就永远无法知道这一点。

所有的措施，都是为了让孩子学会更好的行为以及应对技巧。父母遵守自己所订的规则，以身作则。因为孩子们会模仿父母的行为，所以要展示如何考虑到他人的需要和感受。

17 淬火效应
怎样让孩子面对挫折

过于幸福的童年，常常会造成不幸的成年。

亲爱的心理学家：

您好。从小到大，女儿都是全家的心头肉，大人们都是围着她转，她做了什么事都是"真好啊，太棒了""还是你厉害"。所以，女儿的自信心超级爆棚。可是，也越来越受不起失败了。

昨天，下楼去车位的路上，我像平时一样和她比赛跑步。平时我都是让着她的，装作怎么也跑不过她的样子，所以她很爱跑步，每次都要和我比赛。可是，昨天我也不知怎么想的，就真的跑得很快了。当然，她很快就被我甩在身后。结果，她一上车就开始发脾气，一边哭一边把东西往我身上扔。

如果有不如人的地方，她经常会表现得这样歇斯底里的。请问：到底要不要给她挫折教育？如给，会不会打击她的自信心？我要不要把她的这些不良表现记录下来，以便让她对照改正呢？

——一个困惑的母亲

亲爱的朋友：

您好。从来信中看，您对挫折教育是存在误解的，而且这种误解有可能让你和孩子都受到困扰。

如何面对挫折，是每个人都要面对的人生课题（比如你现在可以说正在经历挫折）。而这，也恰恰是对孩子进行挫折教育的一个原因。

锻造金属工件，加热到一定温度后，工匠会快速将其浸入冷水中，进行冷却处理，这样工件的性能会更好。这个道理运用到生活中，被心理学家称为"淬火效应"。

每个人在成长过程中都需要"淬火"，正如英国儿童心理专家卡特邦奇所说："过于幸福的童年，常常会造成不幸的成年。很少遭受挫折打击的孩子，长大后会因为不适应环境和复杂多变的社会，而深感痛苦。"

但是，很多人对挫折教育有一个误解，认为挫折教育就是为孩子人为地制造挫折，然后让他习惯挫折。这种认识是不对的，如果运用不当，对孩子的伤害可能比娇生惯养更严重。

对孩子进行挫折教育，可以给孩子制造一些困难，让他对挫折有一个形象具体的认识，但是应当考虑孩子的承受能力。由于年龄阶段、性格、环境的不同，每个孩子对挫折的承受能力是各不相同的。对比较敏感的孩子，就不应当一味地为了让他坚强起来，而牺牲了他的快乐与健康。

挫折体验只是挫折教育的一个工具，真正的核心是培养孩子对挫折的认识，让他意识到：这个世界经常不会关注他的感受，在他自我感觉良好之前，世界期待他有所成就。

一个人的一生要面临很多困难和挫折，如果没有坚强的性格，就很难有与困难、挫折做斗争的勇气。挫折教育的关键，就是要培养孩子克服困难的意志。

日本"经营之神"松下幸之助，出生在一个农村家庭。他的父母40岁得子，对他宠爱有加。

松下7岁那年上了小学，有点急脾气。他走路喜欢东张西望，不是弄湿了鞋子，就是弄脏了裤子。一天，父亲松下三郎在儿子上学必经的田埂上，断断续续地挖了几道缺口，然后用木棍搭成一座座小桥。

那天放学，松下背着书包通过小桥时，惊出一身冷汗。吃饭的时候，他讲了今天走过一座座小桥的经历，脸上满是神气。父亲坐在一旁夸他勇敢。

父亲松下三郎在松下幸之助9岁那年因病去世。去世前他一再叮嘱小松下的母亲："在孩子成长的路上，一定要设置一些他能独自跨越的障碍，如果你一味地给他提供顺境，等长大后，一旦遭遇挫折，必然会经受不住打击，而产生种种令人意想不到的后果。"

但是，挫折又是一把双刃剑，一方面可以增强孩子的心灵力量，另一方面，运用不当也很容易导致孩子产生"习得性无助"，甚至自信心受到伤害，出现"破罐子破摔"的心理。

1975年，美国心理学家塞里格曼进行了一次实验。他把一群学生分成三组：让第一组学生听一种噪音，这组学生无论如何也不能使噪音停止。第二组学生也听这种噪音，不过他们通过努力可以使噪音停止。第三组是对照组，没有任何噪音。

噪音折磨进行一段时间之后，开始实验的下一个阶段：实验装置是一种叫做手指穿梭箱的装置，当把手指放在穿梭箱的一侧时，就会听到强烈的噪音，而放在另一侧时就听不到噪音。

心理学家发现，在原来的实验中通过努力能够使噪音停止的第二组及未听噪音的对照组，在第二阶段实验中，都很快把手指移到箱子的另一边，从而使噪音停止。而第一组，也就是说在第一阶段无论怎样努力都无法使噪音停止的学生，手指却仍然停留在原处，听任刺耳的噪音响下去，却想不到尝试把手指移到箱子另一边。

塞里格曼接着进行了实验的第三阶段：要求所有学生把一堆无序的字母

排列成单词，比如ISOEN、DERRO，可以排成NOISE和ORDER。实验结果表明，在前面的实验中产生了无助感的第一组学生很难完成任务。

这个实验有力地证明了"习得性无助"在人身上的存在，以及它对学习的影响：在经历了某种证明自己无能的学习后，人在情感、认知和行为上都会表现消极。

在生活中，有许多孩子经历了挫折，几次失败以后，他们就开始寻找理由为自己解脱："生意太难做"或"我太年轻了"，或"我书读得太多"或"我书读得太少，"或"我的经验不足"或"我的缺点太多了"等等。

这说明，外在的挫折变成了他们内在的"习得性无助"。他们的沮丧和焦虑，往往以愤怒、抗拒的形式表现出来。这种变化造成的伤害，比挫折本身要大得多。要让孩子成功，除了适度地从磨难中体验挫折和学到技能外，还必须让他有更多成功的体验，以及忘记过去的挫折。

网球名将李娜在夺得法网冠军的采访中说，青少年时期，她的教练经常呵斥她这里做得不够好，那里做得不够出色，这让她一直有一种怀疑自己实力的困扰。

在法网赛前，她更换了教练，新教练在技术上并没有带给她太多内容，但却带给她最重要的信息——就是他一次一次地告诉她，她能够做得更好，她可以做得更好。李娜说，教练的鼓舞是帮助她夺得法网冠军的重要因素。

我们常常用"好了伤疤忘了疼"来批评一个人不知道吸取教训，但实际上，对于那些曾经遭遇打击和挫折的人来说，忘记过去的伤痛，比时时抚摸着伤疤全身心垂泪更容易复原，也更容易获得新的成功。

心理学家托尔曼说：当我们的孩子或我们自己，面对人类世界这一上帝恩赐的"大迷宫"的时候，我们必须使自己和孩子处于能激发适度动机，而没有多余挫败感的最理想状态中，就像善良的实验者对待他们的老鼠那样。

18 德韦克实验
为什么不要总夸孩子聪明

与赞扬孩子努力相比，赞扬他聪明对他的学习动机有更多的负面效果。

亲爱的心理学家：

　　您好。我遇到一个十分困扰的问题。经常看书上说，对孩子要多表扬少批评，因此我从儿子很小的时候起，每当他完成了一项任务或者是取得好成绩之后，总会即时地夸奖他聪明。他听了我的赞扬，也确实显得非常高兴。

　　可是从他上学开始，我发现孩子有点过于在意我对他的评价。一次，他的数学考了80分，没等我问，他就很难过地问我："妈妈，我是不是很笨？"

　　在这种情况下，我不知该怎么说。继续夸奖他聪明，不符合事实；说他笨呢，又打击他的自信心。我想请问一下，为什么会出现这种情况？在这种情况下，我该如何评价儿子呢？

——一个左右为难的母亲

亲爱的朋友：

　　您好。你能懂得对孩子多夸奖而少指责，是很聪明的做法。不过这还不够，要让夸奖产生好的效果，我们还需要努力变得更聪明一点。你提出的问题，让我想起了一个小故事。

一位中国老师到美国访问，住进了一位美国朋友的家里。那一家有两个孩子，分别是9岁和5岁。大人坐在客厅聊天，两个孩子则在地上摆弄玩具，不一会儿就建起了一座"兵工厂"。中国老师对美国朋友说："您这两个孩子真聪明！"

但是对方一听，却马上把食指竖在嘴巴中间，提醒中国老师：千万不要让他们听见。他拉着中国老师离开客厅，这才说：相对于夸他的孩子聪明，他更喜欢别人夸他们能干。

面对中国老师的不解，他解释说："长期表扬孩子聪明，会使他们觉得事情很容易做，碰上困难、问题会想到躲避。比如，考试时遇到自己不会做的试题，往往会想，连我这么聪明的人都做不出来，那一定是老师弄错了。"

这种观念，相信很多中国人是不大赞同的。因为每个人都希望自己的孩子聪明，并且认为这种聪明是天生的。古代有一句话叫"书到今生读已迟"，意思就是说无论怎么努力，也不如天生的聪明。

正是因为这么想，在生活中，很多大人把"你真聪明"作为表扬的口头语，而且还会用赞赏的语气。但是这种表扬，确实如上面故事中所说，会带给孩子不良的影响。最明显的，就是可能使孩子变得很在意别人的评价，只要表现稍不如意，可能就会问："爸爸，我是不是很笨？"

对于这一点，三国时期的蜀国丞相诸葛亮有很深刻的认识。他的儿子诸葛瞻小的时候，人人都夸奖他聪明。但诸葛亮在给哥哥诸葛谨的信中说到："瞻今之八岁，聪慧可爱，嫌其早成，恐不为重器耳。"诸葛亮担心的是：聪明过早外露，反而成不了大器。

20世纪90年代，还在哥伦比亚大学执教的心理学家卡罗尔·德罗克（Carol Dweck），曾经做了一系列的实验研究这个问题。她在一所小学五年级的孩子中，抽样100多个10岁左右的孩子，然后把他们随机分成两组。所有的孩子被要求做三套题。无论做的结果好坏，一律给予正面的肯定。

第一套题对孩子们来说都是很容易的。第一组孩子做完题后，实验者给出的反馈是，"你真聪明（you are so intelligent，so smart）"。当然，所有的孩子都感觉不错。第二组的孩子完成题目后，给出的反馈有所不同，"哇，你真努力，做题非常认真（you put so much effort into it，you worked so hard）"。

然后，对这些孩子做了第二部分实验：给两组孩子同样的两道题，其中一道相对简单，很容易做出答案；另一道则非常难，但能从解题中学到很多东西。两组孩子可以随意选择其中一个做。

结果，被赞美"聪明"的小组里，50%的孩子选择了简单的题目，另外50%选了难的题目；被赞美"努力认真（praise for hard work）"的小组，90%的孩子选择了困难的题目。

第三部分实验是，让孩子们做一道非常难的题目，这道题基本上无解。这组实验是想测试两组孩子面对困难和挫折时所做出的反应。

实验的结果是，被赞赏"聪明"组的孩子，没有坚持多久就放弃了努力，而且因为解不出题来表现得很沮丧。相反，被赞赏"努力"组的孩子则能坚持很长的时间，即使最后他们也没有解开这道题，但在整个解题的过程中表现得兴致盎然。

德韦克和助手们还对纽约市12所学校的100名五年级的学生进行了另一次研究。这些孩子同样被随机分为两组来做适龄的智商测试。测试完之后，第一组得到的赞誉是"你真聪明！"第二组得到的是"你真努力！"。

接下来，这两组学生要对付难得多的智商测试，即八年级程度的测试题。结果发现，第一组孩子意志消沉，第二组孩子则竭尽全力。

最后一轮测试，难度回到第一次测试的水平。第一组被夸奖"聪明"的孩子，平均成绩居然下降了将近20%；第二组被夸奖"努力"的孩子，成绩

则提高了30%。

德韦克的研究结论是，赞赏聪明比赞赏努力对学生的学习动机有更多的负面效果。

被赞赏聪明的孩子以成绩为目标，而被赞赏努力的孩子则以学习为目标（相信您对这句话有切身体会）。当他们都遇到挫败时，被赞赏聪明的孩子比后者表现的耐性和持久力更差，更少享受做事的过程，他们本能的反应就是"天呀，我不行！"，这最终导致终极成绩更糟。而第二组学生遇到失败，则采取了面对现实的态度：我这套做法看来不行，要换个方法试试。

此外，德韦克利用哥伦比亚大学的脑电图室，让具有这两种精神气质的人回答各种问题，然后给他们回馈，同时检测他们的脑电波活动情况。结果显示：被夸奖聪明的孩子在思维模式上表现为封闭、保守，而被夸奖努力的孩子，则倾向于拓展和发展。

前者特别关心自己所显示出来的能力是什么，特别注意自己的答案是否正确。当提供一些能帮助他们学习的信息时，他们的脑电波中没有信号显示任何兴趣。甚至当他们答错了问题时，他们也没有兴趣追究什么是正确答案。与此相反，后者则对各种问题中所包含的能够增长他们知识的信息感兴趣，似乎并不在乎会把自己排到什么智力水平上。

原因很简单：被夸奖"聪明"的孩子，心思全花在琢磨"自己是老几"的问题上。既然他们相信人的聪明是天生的，他们要做的就是"显示"自己的聪明，自己究竟是老大还是老二、老三就变得至关重要。所以，他们所做的一切就是证明自己，生怕自己不聪明，乃至于通过躲避挑战来躲避失败。

而被夸奖"努力"的孩子则是学习者，更希望"发展"自己的才能。对他们来说，才能是一个过程，是在不停的发展之中，发展的引擎是自己的努力。为了发现自己的问题，他们宁愿去尝试失败，因而总愿意迎接新的挑战。

由此可见，您教育孩子过程中所遇到的问题，是一个规律性的问题，是"聪明人才会犯的愚蠢错误"。我们成年人大多有自知之明，对夸奖和赞美有甄别能力。但成长中的孩子却缺少这个能力，对于让自己感觉良好的赞美，他们照单全收。

由此可见，为了让孩子更好的成长，父母还是多表扬他的"努力"、"能干"，别再夸奖他有多"聪明"了。

19 赏识教育
怎样让孩子学会自我赏识

运用赏识的原则是，要帮助孩子从自己的行为中获得满足和动力。

亲爱的心理学家：

您好。我的孩子上小学二年级，因为从小比较敏感，所以我对她从来都是表扬多批评少，即使是批评，也是小心翼翼地保护她的自尊心。

可是上周，在和孩子沟通学习的时候，孩子突然说："这次没考好，因为我是笨蛋。"我一听又气又急，气的是那个向孩子灌输"你是笨蛋"的人，急的是孩子的观念。我想请问，我们父母尽力鼓励和赞扬孩子了，为什么他还会产生这种自卑感呢？

——一位家长

亲爱的朋友：

您好。在教育孩子时，老师和家长都强调要让孩子自信，但我们也许忽略了一个问题：孩子的自信是源于你的赞扬还是自我的赏识和认同呢？

很多人为了得到他人的肯定而努力，一旦和自己的期望有所差距，内心的自信大厦就此坍塌。因此，有些孩子为了得到别人的赏识，或者保持自己在别人眼里的形象而做了不该做的事。只有孩子懂得自我赏识，才能无所畏惧地前行。

赏识教育是一种方式，每个孩子都需要赏识。但赏识教育也需要好的策略。

运用赏识的原则是，要帮助孩子从自己的行为中获得满足和动力。或者说，我们要帮助孩子学会自我赏识，而不是依赖外来的奖励；我们应该让孩子懂得：做该做的事，并且把它做好，这本身就是最好的奖励。

帮助孩子学会激励自己行动，可用以下几种简单易行的策略。

第一，在表扬时，把立场从"我"改成"你"。

孩子依赖外部赏识所建立的自信是脆弱的，因为一旦这种外部因素受到冲击，自信也就会崩溃。外界的表扬可能让孩子忽视胜者与败者之间的区别，但现实生活不会，挫折与打击随时会来。

要把赏识内化，最方便的策略是在你对孩子进行表扬时，要把立场从"我"改成"你"，把"我"（父母）对你（孩子）的表扬，改变成孩子对孩子自己的表扬。这种简单的变化，去除了赞扬中的强调色彩，而更多地让孩子认识到自己的行为是正确的。

比如，孩子今天做功课又快又好。不要说："你今天这么用功，我真为你感到骄傲。"而要改成孩子的立场，把表扬变成："你今天这么用功，你一定为自己感到骄傲。"

第二，要把"表扬与自我表扬相结合"，鼓励孩子自己主动表扬自己。

父母或许可以从早到晚告诉孩子他有多能干，但孩子最终都要依靠自己内心的动力前进。有些孩子完全依赖成年人的赞许，连怎样认可自己都不知道了。

要改变这种状态，一个简单策略是指出他们做得正确的事，然后提醒他们从内心承认自己。比如，你的孩子对伙伴爆粗口以后又主动承认错误，你可以告诉他，这样做需要非常大的勇气，他应该对自己说："我做了一件正确的事，一件了不起的事。"

把孩子对自我的肯定稳定下来，并且加以强化，孩子们可以从中领会到：自己的努力和良好的行为是一种很好的奖赏。这非常重要，因为一旦他走上社会，几乎没有老板会乐于帮助他找到并赏识自我，怎么看自己全是他自己的事！

可以教孩子玩一个自己跟自己谈心的游戏：让孩子自己给自己起一个名字，一个爱称，并且在心里这么称呼自己。这可以是一个显赫的头衔，比如"××长官"或"××总裁"。

告诉孩子，当他们感觉疲倦、烦躁、懒惰的时候，就自己对自己说话："来吧，小机灵鬼，只剩最后一道题了，我们一起把它做完吧，我知道你一定行！"

告诉孩子，当他们已经尽了自己的努力，不管最后的结果怎样，他们都应该在心里赞赏自己："哦，泰山，我知道你已经做了你应该做的，而且做得不错。我知道你下次会做得更好。"

要强化孩子的自我激励，还可以鼓励孩子在自己行为良好或尽了自己努力追求成功的时候，写一封信给自己。在写信的时候，他可以随意使用一个他喜欢的身份，比如自己的父母，比如班主任和校长，也可以是某个电影中的英雄。在信里，他应该描述自己认为好的行为，并且对此提出赞赏和鼓励。

让孩子自己给自己设计一份奖品。在家里准备一些类似彩色纸、画笔、颜料、碎布等物品，告诉孩子，他只要做了一件令自己骄傲的事，并且对父母描述自己所做的事，就可以自己为自己设计制作一份奖品：图画、贺卡等。

20 禁果效应
怎样对孩子进行性教育

如果父母对性抱有清晰和健康的态度，那么孩子的这类问题很容易回答。

亲爱的心理学家：

您好。我的儿子今年14岁了，一直很听话。可是不久前，我发现他躲在自己的房间里偷偷地看一些限制级的碟片。告诉丈夫后，他把孩子骂了一通。

作为母亲，我很想和孩子正面谈谈性的问题，但总是不知道如何开口。我不知道该如何处置这样的问题，请问该怎么教导孩子呢？

———一个困惑的母亲

亲爱的朋友：

您好。孩子父亲的做法是不对的。因为他不仅没有意识到自己失职，还叱责孩子，这对孩子是不公平的。事情并非这么严重，也不用担心他因此就走上歪路。孩子踏入青春期，生理的转变导致他对性存有好奇，加上没正确渠道满足这份好奇心，便出现了看碟片一事，大人应予以谅解。

跟孩子谈性可能很困难，但这很重要，因为这是孩子健康成长的必要一课。在今天，网络已经普及，性的话题在网络和电视等媒体中也经常出现，但是媒体传播的信息未必适合孩子接受。从父母和学校那里获得正确的性教育，是孩子应享有的权利。

孩子对性问题的兴趣，绝不是在他看限制级影片时才萌发的。严格说，当孩子一出生刚刚吃奶时，性教育就已经开始了，并且在此后洗澡、换衣服的过程中持续。有研究指出，孩子学会爬行后不久，他就注意到了生殖器的存在。

在2~3岁，孩子会经历一个特别关注性征的好奇阶段。他们会提出许多这方面的问题，比如男孩跟女孩的区别、为什么男孩站着小便而女孩却蹲着……

对这些问题，需要在合适而且比较自然的机会，用事实来回答。比如，可以讲讲人体构造和男女在身体构造上的差别，并给予一些美学教导，使其明白，正是这些不同，长大后女孩子可以生宝宝，而男孩子却不行……

如果父母对性和裸体抱有清晰和健康的态度，那么孩子的这类问题很容易回答。如果家里既有男孩又有女孩，或者孩子能看到异性小朋友如何上厕所和洗澡，那他的好奇心就容易得到满足，不再满腹疑惑。

要知道，假如没有正确渠道满足他的好奇心，他们就会去寻觅其他途径，从而轻易误入邪路。

在心理学上，有一个"禁果效应"。"禁果"一词来源于《圣经》，讲的是夏娃被神秘的智慧树上的禁果所吸引，偷吃了禁果，后来被贬到人间。这种禁果所引起的逆反心理，称之为禁果效应。

回答孩子的问题要简明扼要，他们问什么你就答什么。如果你含糊地告诉他，他是爸爸在妈妈肚子里种下一棵种子才出生的，那么他可能会找来葫芦种子，要求妈妈给生一个葫芦娃。所以，父母要主动问孩子一些问题，以发现孩子认识上的误区并加以纠正。

曾经看过这样一个故事。6岁的孩子说要娶隔壁小姑娘，父亲半开玩笑地问他："你们认真地考虑过了吗？"

孩子："当然！"

父亲又问："怎么去上学？"

孩子回答："我们都有自己的自行车。"

他耐心地解答了父亲的所有问题，最后父亲问儿子："结婚了有孩子怎么办？"

孩子轻松地回答说："我们暂时不打算要孩子。如果她下了蛋，我就把它踩碎！"

有些父母和您一样，对给孩子解释性与生殖时感到犹豫，担心孩子再也无法像以前那样"单纯"了。但是性知识对于孩子来说非常重要，而且只要多回答几次这类问题，就会渐渐习惯。对于孩子时不时提出的一些很尖锐的问题，不要用道德的说教来说服他们，要采用开放的态度进行沟通。

在欧美国家，父母会给孩子避孕的教育，父亲甚至在男孩约会前为他准备避孕套。但在中国的文化背景下，这样做需要慎重，会给孩子带来很大的心理冲突和压力。

但是，女孩子的父母一定要告诉她这方面的知识，开诚布公地讨论性病和怀孕的可能，教会孩子如何说不和何时应该说不。这并不是一个碰运气的游戏。医院里每一个怀孕流产的少女背后，都有一对因拒绝教育而使孩子不知如何保护自己的父母。

在一次防艾宣传活动上，著名演员濮存昕谈到，自己25岁的女儿正在美国读书，现在也交了男朋友。在女儿离家时，他将一盒安全套放进了女儿的行李箱。他认为作为一位父亲，有责任保护女儿。

很重要的一点是，不要忘了向孩子解释爱在性关系中的作用。否则，任务就只完成了一半。因此，父母要教会孩子全面认识什么是"爱"，以及如何保护和约束自己。曾经有一位移民美国的中国母亲，记述了美国学校对孩子进行性教育的一课，对我们很有启发意义。

年轻女教师在黑板上写了一个大大的"**SEX**"，然后面带微笑地问学生："同学们，当你们看到'性'这个字时，你们想到了什么?"

孩子们无所顾忌地发言，女教师不停地在黑板上写着："做爱、流产、接吻、性感……"教室里安静下来后，女教师皱着眉头说："你们说了这么多，唯独漏掉了一个与'性'有千丝万缕联系的东西……"

在孩子们窃窃私语地猜测时，女教师转过身，在黑板上用力写下了"LOVE"。她说："'爱情'是两性之间最圣洁最崇高的感情，缺少爱情的'性'是没有灵魂的躯壳!'性'是要以'爱'为前提的。生活中的早孕、堕胎、性病等，往往是由不负责任的性行为导致的……"

刚才还嬉皮笑脸的孩子们都变得庄重起来，女教师接着告诉孩子们，性爱没有下流之说，也没有罪恶性，它是自然的、美妙的，但中学生过早涉足性生活对身体和学习都不利，发生意外妊娠和堕胎是十分痛苦的。

最后，女教师播放了一张介绍避孕方式的碟片，孩子们看得格外认真，那种专注的神情就像在看一幅数学三维图。

21 死亡提醒
怎样教孩子认识死亡

对死亡视而不见、自欺欺人地希望它永远不会来临，这种态度对孩子是有害无益的。

亲爱的心理学家：

您好。我们的孩子今年6岁，和爷爷关系很好，每天喜欢在爷爷身边跳来跳去地玩。上个月，爷爷突发心脏病过世，孩子非常伤心，再三地问爷爷到哪里去了，弄得我们不知如何回答。我想请问一下，应该怎样向孩子解释亲人的去世呢？

——一对困惑的父母

亲爱的朋友：

您好。您所提的这个问题，是现在的家庭普遍存在的一个难题。

对于大多数孩子来说，死亡是一个难以理解的概念。因为"死亡"这一话题涉及避讳，甚至比性话题更让人难以启齿。它仿佛成了一个秘密，我们对之视而不见，自欺欺人地希望它永远不会来临。

然而，这种态度对孩子是有害无益的。因为在某个与他感情深厚的人去世时，他必然充满疑惑并且可能出现心理问题。

那么，如果用一些委婉的说法，比如"睡着了"，或者"出远门了"、"到另一个美丽的世界去了"、"在天堂里"，会怎样呢？是不是对孩子的冲击小一点呢？

实际上，前者会让孩子对上床睡觉产生恐惧，后者则会让孩子产生"爷爷还会回来"这样不切实际的幻想，他们也会难以理解为什么死亡如此美好，而身边人却伤心不已。

为此，父母要做的，不是否认事实，也不要让孩子否认事实。

我们要对孩子实话实说，隐瞒真相最终只会让双方受到伤害。要耐心跟他解释："是的，爷爷已经去世了，再也不会回来了，但我们会记住他的，所有爱他的人都会记住他。"

有一个简单的方法，可以帮助孩子理解何为死亡，那就是结合生命结束时某项停止工作的机能，与孩子展开讨论。

在图书馆和书店里，有许多与死亡有关的优秀儿童读物。当你跟孩子散步时，如果看到死去的小鸟或虫子，都可以把握机会跟他解释，世上的生物终究会归于死亡。但是一定要实事求是，而不要文饰。我们来看一个失败的例子。

爸爸和孩子一起在海滩上，4岁的儿子跑过来，拉着他的手，领着他到岸

上去。那儿的沙地上有一只死了的海鸥。儿子问道："爸爸，它怎么了？"

爸爸十分委婉地回答道："它死了，到天堂里去了，"

儿子想了想问："爸爸，那为什么上帝又把他扔下来了呢？"

在亲人过世后的一段时间里，很多孩子会感到巨大的恐惧，害怕留下他一人无依无靠。这种无名的恐惧告诉他：如果爷爷死去，很多可怕的事情都有可能发生。尽管有父母的解释和安慰，孩子仍会在一些本已掌握的生活能力上有所退步，比如走夜路、上厕所或者自己吃饭。父母要与他分担这一切，直到雨过天晴。

有些孩子还会出现内疚和自责情绪："是不是因为我的错，爷爷才死的呢？"他会因此背上负罪感。所以父母需要一再地安慰他，告诉他这不是他的错，没人能预防死亡。

如果孩子怪罪医生没有治愈爷爷的病，或者怪罪上帝夺走了爷爷，你最好对此予以谅解。你可以告诉他，其他家人也很生气，但是生气改变不了现实。

如果孩子接受了爷爷过世这个事实，你可以允许他跟你一起流泪，分担忧伤，共同渡过难关。如果你愿意，不妨跟孩子继续谈论爷爷，一起去扫墓。

如果有时间，建议寻访并陪孩子看一下日本电影《狐狸的故事》，也许可以帮助孩子更深刻地理解死亡和生活。

22 情绪记忆
孩子爱写日记好不好

网络日志或博文，可以让孩子获得与写日记一样的好处，而且能够获得更多的社会支持，并能改善社会关系和自身的归属感。

亲爱的心理学家：

　　您好。我女儿喜欢写日记，每天都坚持写。开始我们还觉得能锻炼文笔，是好事。后来又听说常记日记的人会越来越内向、敏感，想请教一下您，是不是会有这种问题呢？孩子喜欢写日记，到底好不好呢？

　　　　　　　　　　　　　　　　　——为女儿写日记而担心的父母

亲爱的朋友：

　　您好。你们的担心也不无道理，但是要具体问题具体分析。

　　人的思维离不开记忆。当事物不再作用于感觉器官时，它并不会随之消失，而是在人的记忆中保持一个相当的时期。在一定条件下，它还能重现出来。而让它重现的最常用手法，一是照相，二是日记。

　　与喜欢照相一样，很多孩子喜欢记日记，把自己的喜怒哀乐都付诸笔端记下来。这样做，一方面可以舒缓自己的情绪，另一方面也锻炼文笔和思维。即使是把经历过的挫折写下来，也有助于宣泄不良情绪以及抚平创伤。

　　加州斯坦福大学的教育和心理学教授杰夫·科恩（Geoff Cohen）表示："将思维和感受抒发出来，不但能够使情绪舒畅，对身体也不无裨益。"

　　但是，任何事情都不是绝对的。有统计显示，曾经记录过创伤经历的人，对头痛或者其他类似症状更为敏感。

英国格拉斯哥喀里多尼安大学的伊莱恩·邓肯（Elaine Duncan）和斯塔福德郡大学的戴维·谢菲尔德（David Sheffield）主持的一项调查表明：经常写日记的人的心理健康，不如不写日记的人。邓肯认为，这是由于挫折的记录，让人经常咀嚼他们的不幸和挫折，无法将情绪一次性地宣泄出来，因此形成了更深的挫折感。

有一个孩子大学毕业后，让父母看她小学时的日记，上面写："……考试没考好，爸爸对我说：孩子，成绩不重要，你才重要，考多少都没关系，重要的是你要开心，要快乐……"

看到这儿，父母都被自己感动了，再翻一页："……然后我妈妈回来了，俩人合伙把我揍了一顿……"

在这一页的最后，是触目惊心的四个大字：这俩骗子！

小学时的这两页日记，一定给孩子留下了深刻而惨痛的回忆。否则，他也不会在十几年后拿给父母看。

日记：
今天的太阳照常升起~

日记：
今天我被楼下的大熊推倒了，好疼~可恶的大熊~~~

日记：
今天我过生日，妈妈给我准备了好吃的，我的妈妈真好！

不过，上面的结论似乎只注意到了一个方面。美国得克萨斯州达拉斯市南卫理公会大学的米歇尔·麦科洛（Michael McCollough），和戴维斯市加利福尼亚大学的罗伯特·埃蒙斯（Robert Emmons）两位心理学家，共同进行过一个实验，指出了问题的另一个方面。

在实验中，他们把数百人分成三个不同的组，并要求所有参加实验的人每天写日记。第一组人的日记，记录的是每天发生的事情，并没有特别要求要写好事或者坏事；第二组人被要求记录下不愉快的经历；第三组被要求在日记中列出所有他们觉得值得感恩的事情。

研究的结果表明，第三组的人变得更加警觉、更加热情、更加果断、更加乐观和更加精力充沛，更少感到沮丧和压力，他们更愿意帮助他人，锻炼更加有规律，并且在生活中取得了更大的进步。

肯塔基州列克星敦的2001大学的学者也注意到了这种区别，他们研究了180位修女的自传手稿，结果发现，用更多积极乐观的词描绘人生的修女，比那些用消极悲观的词描绘人生的修女，寿命长了大概10年。

很显然，日记所起的作用和其他东西一样，是我们情绪的载体和反射。但让日记担当记录情绪载体的时候，注意不要沉溺于其中。

美国北卡罗莱纳大学的心理学家凯思·佩恩（Keith Payne）和他的同事研究发现，情绪记忆是最难刻意忘掉的，尤其当这种记忆源于视觉线索。

佩恩认为，人们要刻意忘却一件事情的前提条件，就是要从精神上和与事件相关的信息完全隔离开来。只要遗忘的动机足够强烈，人们完全可以超越情感因素的影响。

不过，网络时代的到来，给我们提供了另外一种选择。根据台湾地区研究人员的研究，写网络日志或博客，不仅可以获得与写日记一样的好处，而且能够获得更多的社会支持，并能改善社会关系和自身的归属感。

研究者利用一个由43项自述组成的调查，对596名在校大学生进行了一次调查。这些大学生年龄在16~22岁之间，女生占71%，他们都是有博客经验的年轻人，相当一部分抱着记私人日记的目的写博客。

研究人员发现，写博客不但不会减少或妨碍已经存在的社会关系，反而能加强人与人之间的联系，实实在在地改善他们的关系。写博客会培养更好的社会关系，包括更好的融入社会的感觉，即感觉到与社会、朋友圈子以及其他人之间存在联系。同时，它还可以加强博主与生活中亲密或重要者的社会内部联系，以及与日常社交网络以外的人的社会外部联系。

其中的一个原因，也许是大多数读博客的人，都喜欢读朋友和家人的博客，而他们用博客所分享的感觉和思想，都是别人平时很难知道的。尤其是，在情绪化时或出现困难时，用博客记录下来，比拿起电话向一个个亲密的人诉说更容易。

研究人员从数据中还发现，当这些社会关系因为博客而得到发展时，博主本人会觉得与别人有更多的联系，从而感到更快乐。

很显然，公开的网络日志或博客，在改善社会关系方面，是私人日记所无法比拟的。

23 跨栏定律
孩子个头太矮怎么办

人一旦发现自己的弱点，必然会产生一种弥补的机能与心理，反而成为个人发挥潜能、超越他人的一股力量。

亲爱的心理学家：

您好。我的儿子正上高一，身高只有1.65米，而同桌则长到了1.75米。每天吃饭，聊天的话题几乎都涉及了身高的问题，儿子对自己身高的关注已经变成了抱怨和焦虑。每次晚上洗澡后穿着睡衣照镜子，一照就是半小时，边照边抱怨自己的腿没有长直，为什么他的基因不优秀……

请问，您有什么办法让他摆脱这种自暴自弃的心理状态吗？

——一名高一学生的家长

亲爱的朋友：

您好。我十分理解您儿子的心情。在一个以"高富帅"为追求的社会氛围中，身高自然成为很多个头较矮的孩子的一个心病，使很多孩子（甚至包括他们的父母）自卑。有人甚至把身高1.7米以下的男孩子称为"三等残疾"，更是给这些家庭增加了不必要的压力。

那么，高矮会不会影响孩子未来的成功呢？事情倒并不像人们想的那么糟糕。

一位叫阿尔弗雷德的外科医生，在多年临床实践中发现了一连串奇怪的现象：患心瓣堵塞症的患者，心脏奇迹般地增大，好像是在努力应付心脏所带来的缺陷；肾病患者若摘去了左肾，那么他的右肾的生命力往往十分强盛。另外，在眼睛、肺等手术中，都是如此。

在给美术学院工作时，他又发现了一个奇怪现象，这些搞艺术的学生的视力低于平均水平，有的甚至还是色盲。而一些颇有成就的教授之所以能走上艺术道路，也曾经受了某种生理缺陷的影响。

研究还发现，人脑有更强的适应能力，如果一侧脑在幼年时期受到损伤甚至被切除，那么对侧脑就能接管它的功能，对其进行很好的补偿。孩子长大后一般不会有明显的脑功能受损现象，并且仅存的半球能够承担其日常生活中的所有事务。

后来，这种发现引起了心理学上的分析学派的注意。这一学派的代表人物除了大家耳熟能详的弗罗伊德之外，还有19世纪末的奥地利著名心理学家阿德勒。阿德勒根据自己的实验研究提出了一个重要的结论：当个人发现某方面不如别人后，为了恢复内心平衡，会设法弥补自己的弱点。

阿德勒认为，身材矮小的人由于自卑感作祟，总是喜欢在其他方面表现得强于他人，以此来补偿这种心理缺憾。从行为上看，这就是所谓的争强好胜。

按照阿德勒的说法，除法国的拿破仑外，苏联的斯大林、西班牙独裁者佛朗哥、意人利的墨索里尼都是典型的矮子。事实上，阿德勒自己就是一个身材矮小、严重驼背的人，他一生都在不断地超越自卑，并把自卑与补偿看做是追求优越的动力根源。

每个人都有某方面的弱点，都有个人的自卑感。这并不见得不好，因为人一旦发现自己的弱点，必然会产生一种弥补的机能与心理，反而成为个人发挥潜能，超越他人的一股力量。他把这种现象称为"跨栏定律"：栏杆越高，跳得也越高。

美国大发明家爱迪生发明留声机后不久，一位记者前来采访他："爱迪生先生，你从小就有耳疾，这是否算是你一生中最大的遗憾?"

爱迪生点头回答说:"以前的我，曾有这种感觉，但后来再想想，却觉得这样反而对我更好。因为我小时候表现非常差，幸好我的耳朵不好，听不到别人的嘲讽、是非，我可以更加专心地努力做事。"

我们大可不必为弱点而产生自卑，不敢面对现实或怨天尤人，自惭形秽，甚至因此而失望、退缩，这样不仅无法取得进步，而且会极大地伤害身心健康。从这个角度来看，正是由于上帝特别喜欢香甜的苹果，所有成功者都是那种被上帝咬了一大口的苹果。

美国布兰蒂斯大学的莱斯利·泽伯维茨（Leslie Zebrowitz）在研究中也发现，长着娃娃脸的男人会使人认为他们天真无邪，并会给人留下能力不足的感觉。然而事实上，很多长着娃娃脸的男孩，更有可能成为抱负极高、有野心的人。

她把这种现象称为"自败预言效应"，即一个长着娃娃脸的男人厌倦了别人对他的态度，于是拼命想冲破人们对他的预设期望，反而矫枉过正，走向了另一个极端。

一个女孩在一次考试中有几门课程发挥得不好，她很伤心地回到了家。在父母的劝解下，她仍然无法释怀，觉得自己一无是处。这时父亲拿出一张白纸和一支笔，交给女儿，让她每想到自己一个缺点和不足，就在白纸上画一个黑点。

女儿拿过笔，不停地在白纸上画黑点，在她画完以后，父亲拿起白纸，问她看到了什么，女儿回答:"缺点啊，全都是该死的缺点。"

父亲笑着问她还看到了什么，她回答说:"除了黑点，什么都没有看到。"

在父亲一再追问下，女儿终于回答说:"除了黑点外，还看到白纸。"

于是，这位父亲问女儿:"你在这张纸上写字的时候，是在空白的地方写呢，还是在黑点上写?"

女儿想了想，若有所悟地点了点头。父亲语气缓和地说:"当你在这张纸上写上字以后，也许字就会恰巧把黑点盖住，即使没有盖住，人们也很少会去注意它的。"

一位牧师曾经说:"弱点并不是上帝对人的惩罚。恰恰相反，世上每个人都是被上帝咬过一口的苹果，都是有弱点的人，有的人弱点比较大、比较明显，那是因为上帝特别喜爱他的芬芳。"

24 蛋壳效应
孩子总是怕输怎么办

怀输的孩子，往往也是过于注重别人评价者。只有独立的自尊心，才能让孩子摆脱蛋壳效应。

亲爱的心理学家：

您好。我的儿子现在上小学，语言表达能力很强，我也常常鼓励他。但不久前，他在和小朋友一起做游戏时，赢了就很高兴，输了就很生气不玩了，表现很强烈。我发现后给他讲道理，他也不听。现在甚至一遇到比赛的游戏就不肯玩，问他为什么，他说他怕自己得不了第一，怕别人比他厉害。我怎么说，他都不肯玩。是什么使孩子小小年纪就瞻前顾后，这么输不起呢？

——一位家长

亲爱的朋友：

您好。孩子输不起，甚至不敢参与竞争性的游戏，说明孩子还不知道如何面对挫折和失败，一遇到可能的挫败时，就本能地逃避抗拒，把自己的心封闭起来，像裹上一层"蛋壳"：它非常严密，足以将所有挑战挡在壳外；它又非常脆弱，一点儿敲打，就可能被击碎，激发出强烈的报复。

1965年，英国儿童心理学家西蒙·安妮（Anne Simon）把这种脆弱和保守的心理现象，命名为"蛋壳效应"。

有不少父母容易把心理健康和思想问题混淆，把孩子的脆弱和保守以为是不勇敢、逃避。实际上，"保守"和"脆弱"，并不意味"懦弱"或"不勇敢"，只是心理发育中的问题，而不是思想问题。就像学会走路要摔很多跤一样，孩子的心理成长需要克服很多困难。

要帮助孩子，我们不能从人品、从思想去看孩子的心理脆弱问题，首先要从心理发展的角度，去理解孩子问题背后的动机，帮助孩子渡过成长中的这个难关。

在孩子保守和脆弱的"蛋壳"后面，是一颗极度缺乏自尊的心灵。

有人或许说，输不起的孩子表现得"自尊心"很强，甚至比普通的孩子更强，他们应该是"自尊心"太强而不是缺乏吧？

这种说法，其实是错误理解了什么是自尊。他们所说的"自尊"，实际上叫做"依赖性的自尊"，也就是通过别人获得的"自尊"。这种"自尊"程度会随别人的表扬或批评而改变，也取决于在与别人比较时获得的是优越感还是自卑感。严格来说，它并不是真正的自尊。

真正的自尊，是通过自己获得的自我评估和感觉，是自信和自我尊重的综合。

每个孩子都有两种类型的自尊心——独立的和依赖的。而他的心灵是否保守与脆弱，则取决于哪一种自尊心主宰了他的感觉和行为：他是否主要为别人的想法和行为所左右，抑或是受控于他对自身的评价；他是否总在乎自己比别人优秀，抑或是自己在努力追求卓越，"任其风吹雨打，我自岿然不动"呢。

怕输的孩子，往往过于注重别人的评价。只有独立的自尊心，才能让孩子摆脱蛋壳效应。不仅如此，它还能让孩子成为一个幸福和有创造力的人：能坦诚地对待自己和自己的内心世界，倾向于独立做事，求异思维能力强，想象力丰富，不在乎群体的压力，能够站出来为自己辩护。

无论是父母还是学校，都过于强调外在的奖励和竞争，结果导致孩子自尊心的依赖性压倒了独立性，使孩子越来越依靠自我保护或者自我增强来维持自我。2003年，澳大利亚学者斯蒂芬·凯米斯（Stephen Kemmis）提出"脆弱高自尊"的概念，来形容这种情况。

很多教育书籍告诉家长，孩子像一朵小花一样脆弱，需要家长无微不至地关心，即使是铅笔尖断了这样的小事，也要注意不要让孩子受到打击。在这种观念下，不仅孩子，连父母和老师也变得越来越输不起。

绝大多数父母的做法，也是习惯于让孩子增强依赖性自尊心——获得外在的肯定和比别人优越。他们觉得表扬是培养孩子自信自尊的最好甚至是仅有的方法，通过赞扬孩子做的每件事，就能够在孩子的心中创造积极的自尊。但问题是，他们对所有的事情都大加赞扬，弄得孩子根本不知道是他真的做得很好，还是无论他做什么，爸爸妈妈都会说："哦，你真是太棒了……"

这种不假思索的赞扬，让孩子很不自信，于是就更喜欢向周围的人来寻求认同。比如，他会把作业或者画的东西给朋友们看，还会焦急地询问说："还行吗？我做得对吗？"在学校里，他也总会问老师："这次我做得对吗？"很显然，孩子的独立自尊已经受到了伤害。

要想让孩子摆脱蛋壳效应，最好的办法就是让孩子在生活中建立独立性的自尊，变得自信和悦纳自我。

独立性的自尊，不是以毫无原则的表扬为基础的，而是来源于孩子在克服困难之时所体会到的那种快感——这种感觉可能来自孩子学会了弹一支曲子，也可能来自孩子成功地解答出一道题。他遇到和克服的挑战越多，有越多人能够看到他的成功，他的独立性自尊就越强。

要培养孩子的独立性自尊，父母首先要记住的是不要把他和别的孩子做比较。

孩子输不起，多与父母或老师对他的期望值过高有关，让他觉得只有获得第一名才能展示能力，才能获得认可和肯定。孩子过于紧张自己的表现，为保持过去贴近完美的成绩和形象，给自己造成极大压力，难以接受挫败，一旦失手便溃不成军。

每个孩子都是与众不同、独一无二的，都应获得重视和赏识。比较不仅是愚蠢的，而且也是不负责任的，它只会打击孩子。

自主性是自尊心形成的基石。孩子在两三岁时便有了自主性的要求，喜欢独立做事。父母要抓住这个大好时机培养他的独立性，要给他们独立解决问题的机会。

要避免按自己的意愿来设计孩子的生活，要让他自己想办法来获得成功，并且懂得把精力集中在对自己重要的事情上。当孩子需要帮助时，成人应帮助他们想办法，寻求解决问题的最佳方式，而不是取而代之。

一个很多人忽略的事实是，孩子是相当聪明和坚强的，至少比我们认为的更聪明和更坚强。对孩子来说，挫折和打击不仅会教会他们经验和知识，更会增强他们的承受力。而父母的鼓励和表扬，只是必不可少的营养品，而不能当成每天的食物。

当孩子开始学着将价值观内化，明白自己在为什么而努力，能够有意识地为获得进步而训练自己时，他的独立自尊就开始形成了，放置在心灵上的蛋壳也就破裂了。

25 萨盖定律
家长教育观念不同怎么办

一个孩子无法接受父母双方不一致的教育，因为他将无所适从。

亲爱的心理学家：

您好。我们家孩子5岁，居然学会了看人下菜碟，欺软怕硬。有一次，他在小区的花园里玩耍，全然不顾地上的泥土，有几次竟然"扮演"着士兵，趴在地上匍匐前进，弄得全身是土。我大声喊他，他也不理会，照样疯玩。没有办法，我只好使出了"杀手锏"说："你爸爸下班回来了，再不起来，要打你屁股了！"听到此话，他这才像泄了气的皮球，跟着回家了。

其实，有几次他真挨爸爸打的时候，都是我在一边使劲拉着。可也正因为这样，他基本上是只怕爸爸，见到爸爸就像老鼠见到了猫，对我和奶奶嬉皮笑脸的，一点怕意都没有。我想问一下，像这样的教育方式，对孩子好不好？

——一位家长

亲爱的朋友：

您好。从信中可以看出，您的家庭是典型的"严父慈母"式的教育，也就是父母"一个唱红脸，一个唱白脸"。这种方式看上去能够互相配合，互相补充，相得益彰。事实上，它也是有弊端的。

从情感上来说，被一些人认为效果不错的"红黑"配合，也不是那么和谐。父亲和母亲的立场不一致，会让孩子以为妈妈更爱自己一些，爸爸是一个冷酷的人。

由此可见，这种搭配不仅不利于孩子树立正确的人生观和价值观，还会导致孩子性格的缺陷。因为一个孩子无法接受父母双方不一致的教育，这将使他无所适从。这就是家庭教育中的"萨盖定律（Sa cap law）"。

萨盖定律又称为两只手表定律、矛盾选择定律，它的内容是：只有一块手表，可以知道时间；拥有两块或者两块以上的手表并不能告诉一个人更准确的时间，反而会制造混乱，会让看表的人失去对准确时间的信心。它的深层含义在于：每个人都不能同时挑选两种不同的行为准则或者价值观念，否则他必将陷入混乱。

从这个定律中我们可以知道，对孩子的教育，不能同时采用两种不同的方法，设置两个不同的目标，提出两个不同的要求，因为这会使孩子无所适从，甚至行为陷于混乱。

战国时思想家韩非子说过："一家二贵，事乃无功；夫妻持政，子无适从。"就是说，一个家庭里如果大人各有所见，互不相让，家里就什么事也做不成；对孩子进行教育，各持各的观点，孩子就不知听从谁的。

家长要想避免"萨盖定律"，首先要有相对统一的教育观念，家里所有大人对孩子的要求要一致，并注意减少矛盾，给孩子一个统一的价值观。这对孩子的成长是十分重要的。

如果做不到这一点，比如爸爸教育孩子的时候，妈妈总是诋毁爸爸的方法不对，并对孩子说"别听你爸爸的，他不懂"，孩子就会左右为难，心中充满了矛盾，不知道自己到底怎样做才对。更进一步，孩子会对爸爸的教导不以为然，导致家庭矛盾加剧。

家长一定要树立合作教育意识，可以开个统一家庭教育方法的家庭会议，坦诚地交流想法，求同存异。在教育孩子时，按照已经统一的方法、认识去做，看看效果如何。这样的家庭会议要定期召开。

在这个过程中，可以征求孩子的意见。孩子是受教育的对象，对大人的教育行为有最直接的感受。孩子往往能很客观地评价爸爸、妈妈教育行为的优点与不足。多征求孩子的意见，对改进家庭教育观念和方式是很有帮助的。

由于当代生活节奏加快，年轻的父母经常没时间抚养孩子，一些爷爷奶奶或姥姥姥爷便奋然挑起了照料孙子、孙女的重担，人们习惯把这种方式称为"隔代抚养"。

小东从小由奶奶和爸爸妈妈一起照顾，奶奶对他百依百顺，结果孩子变成了家里的"小祖宗"。

有一次午饭，小东连吃带挑，爸爸批评了两句，小东一筷子挑翻菜盘，一挥手将饭碗推到地上，菜汤溅了妈妈一身。爸爸勃然大怒，扬起手就是一巴掌。这一下，孩子倒在地上连滚带叫。

说时迟那时快，奶奶腿脚麻利地冲上来，先打了自己儿子两巴掌，然后抱起宝贝孙子，骂骂咧咧地走了。

由此可见，如果父母的要求和爷爷奶奶的要求不一致，也同样会产生不理想的教育效果，甚至产生一些家庭矛盾。因此，孩子父母应该在尊重、理解祖辈的前提下，进行分析，提供一些书报、录音、录像等，给祖辈灌输一些现代家庭教育理念。

最后一点，也是最起码的，就是不要当着孩子的面吵架。

一旦家长在子女面前呈现出了差异和矛盾，最好有一方先让步，事后再和另一方交流，千万不能在孩子面前争吵起来，因为这样会使夫妻双方在孩子心目中的威信都降低。

如果有一方的观点偏向于孩子，正合孩子心意，孩子就会觉得自己有了依靠，有了与另一方对抗的底气，还会加重两代间的矛盾。

26 示弱效应
怎样提高孩子的自理能力

适当地向孩子"示弱"，更能拉近你与孩子的心理距离，并使孩子在各方面能干起来。

亲爱的心理学家：

您好。我的女儿从小就是一个衣来伸手、饭来张口的孩子，因为爷爷、奶奶从她一出生就来照顾她，对她疼爱有加，从来不让她做任何家务，以致她的自理能力非常差。

昨天的一件事情更让我意识到问题的严重性。昨天，我给她带了一个熟鸡蛋去幼儿园，可是由于不会剥蛋壳，鸡蛋没吃成，她又给带回家来了。她已经5岁了，可是连穿衣服、系鞋带这种简单的事情都不会做，每次都得让我来帮忙。

我想请问一下，怎样才能提高孩子的自理能力呢？

——一位母亲

亲爱的朋友：

您好。看了来信，我已经猜到了您的女儿平时的生活状态：每天早上，你把她叫醒，然后帮她穿衣服穿鞋、洗脸、梳头；然后你们把饭菜摆到她面前（包括已剥了皮的鸡蛋），甚至用勺子喂到嘴里；出门的时候，你们拉着她的手寸步不离……

如果是这样的话，那从今以后，你们就要和孩子交换一下位置，让孩子多帮你的忙，你尽量少帮孩子的忙。你太能干，孩子就不能干，你要在孩子面前尽量多表现得"无能"些，让孩子在你的面前表现得能干些。

向孩子示威几乎每个家长都会，但是会向孩子示弱者却寥寥无几，因为示弱比示威需要更多的智慧和勇气。

在生活中，大多数家长都会以一副高高在上的成人心态教育孩子。然而，很少有家长知道，适当地向孩子"示弱"，更能拉近你与孩子的心理距离，并使孩子在各方面能干起来。

帮助和协作，是每个孩子生来就有的天性。作为父母，我们所要做的，就是利用这种天性。

2006年，马克思·普兰克进化人类学学院的学者发现，小孩子早在18个月大时，就已经完全具备了无私和协作的品质。

他们证明这一点的方式很简单。一位研究人员假装"费劲"地往衣夹上挂毛巾或撂起一撂书，当他弄掉衣夹或书堆倒塌时，孩子们都会赶快跑来捡起衣夹递给他，或者把书重新堆起来。但是，当研究人员在表现得毫不费劲时又出现同样问题，也就是说看起来不需要帮助时，孩子们就不动。这是因为，孩子们明白什么情况下才需要帮忙。

美国教育专家凯思琳·卡沃斯指出，小孩子天生有与人协作的愿望，只是很多时候我们父母没有注意到这一点，因为我们没有指望孩子帮忙。

在家庭中的日常事务中，我们父母完全没有必要表现得无所不能，而要稍微示弱一点，找一些孩子们能做的事情，不管是洗菜、喂狗还是整理衣服，让孩子也参与进来。这是在教孩子乐于助人，因为帮助人是最重要的生活技能之一。

示弱虽然听起来让父母有些不太舒服，但可能是一条有效的教育策略。它不仅可以让孩子学会合作，更能解决一些用其他方法无法解决的难题。

101

有一次，卡沃斯的儿子拒绝坐儿童汽车安全坐椅时，卡沃斯没有呵斥他，而是让他帮忙担任"检查员"，他必须确保车里的每个人在汽车开动前都系好安全带。很自然，这一招马上平息了一场可能的"战火"。

在孩子的成长过程中，父母始终处于引导地位。在孩子心目中，父母是万能的，似乎没有什么能难倒父母。如果在必要的时候，父母恰当地向孩子示弱，会起到意想不到的效果。

一位妈妈带儿子爬山的时候，碰到一个很陡的坡，儿子站在前面犹豫不前，妈妈看了就试探着说："儿子，妈妈有点不敢过去，你敢吗？"

于是，儿子回过头看看妈妈，然后小心翼翼地走过去，妈妈会在后面让他牵着她的手，实际上，她根本没什么危险，但是这种换位的感觉绝对不一样。

终于走过去了，妈妈长叹一口气说："儿子，今天要不是你，我真的不敢过呢。"

儿子马上得意地说："没有我在你就不敢了吧。"

另外，当孩子解答了你提出的问题后，他就会产生成就感。在成就感的影响下，孩子的自信心也会产生，处理问题的方法自然就有了。这对孩子的一生都有很大的影响。

比如说带孩子进超市，孩子往往会扭来扭去要从购物车里出来，这时，你可以举起一盒饼干递给他说："我要给全家人买吃的，需要你帮忙。"你还可以让他做你的"侦察员"，帮你在货架上找到某些喜欢的食品。

在孩子心目中，大人几乎是无所不能的，如果他连大人提出的问题都解答了，他自然会有成人感。于是，孩子会一点点成熟起来，再不是父母眼中的小不点儿了，什么事情他都会愿意与家长分享和分担。

一位作家问一位农民父亲："您把两个孩子都送进了重点大学，请问有没有什么绝招啊？"

给爸爸上课的小老师，加油！

　　农民父亲的回答出人意料："其实也没啥绝招……我只不过是让孩子教我罢了！"

　　原来，这位父亲小时候因家里穷没念过书，但他又不能由着孩子瞎混，于是每天等孩子放学回家，就让孩子把老师讲的内容给自己讲一遍；然后孩子做作业，他自己也跟着在旁边做作业，弄不懂的地方就问孩子，如果孩子也弄不懂，就让他第二天去问老师。

　　这样一来，孩子既当学生又当"老师"，学习的主动性甭提多大了……

27 自我效能感
怎样培养孩子的自信

孩子以多大的精力和耐心达到目标，相比他的实际能力，可能更多地取决于他的自我效能感。

亲爱的心理学家：

您好。我的孩子今年11岁了，他上幼儿园的时候年龄最小，既调皮又胆小，其中一位老师不喜欢他，为此儿子在幼儿园期间很少得到鼓励和表扬。上了小学后，我发现孩子自信心不强，干什么事情都缩手缩脚。上次，老师让他给全班同学念一篇文章，他不敢，说是自己不好意思，而且说自己有点结巴不敢讲。这该怎么办呢？

——一个为孩子担心的家长

亲爱的朋友：

您好。在生活中，孩子干什么事情都缩手缩脚。究其原因，这是缺乏自信的表现。

每个人在面对任务或困难的时候，都会对这些任务和自己的能力做出判断：我能否胜任这些工作？以我的能力，能应付眼前的困难吗？美国心理学家班杜拉在社会学习理论中，把人们对自己能否完成某项特定任务或应付某种情境的能力判断、信念及其自信、自重等方面的感受，称为"自我效能感"。

自我效能感可决定人们对行为的选择，以及对该行为的坚持性和努力程度；影响人们的思维模式和情感反应模式，进而影响新行为的习得和习得行为的表现。

自我效能感高的孩子，心中充满无限的可能性，他们相信一切都是可以超越的。美国20世纪现代主义著名诗人卡明斯（Edward Estlin Cummings）说："一旦我们相信自己，我们就能够拿好奇心、求知欲、愉悦等等一切展现人类美好品质的体验来冒险。"

很多时候，并不是因为任务太难才使孩子失去信心，而是因为他们缺乏信心才觉得学习太难。在学习能力差不多的情况下，自我效能感高的学生，也就是对于完成学习任务充满自信的学生，取得的成绩会更好些。

正如美国心理学家齐默尔曼（B.J.Zimmerman）指出的：孩子以多大的精力和耐心达到目标，相比他的实际能力，可能更多地取决于他的自我效能感。

在孩子成长的过程中，孩子们会根据以下几个方面来判断自我效能。替代性经验——对其他人的表现的观察；说服——通过他自己的思考或者别人的劝说，确信自己能够做一些事情；情绪会影响自我效能水平，比如焦虑和兴奋。

我们可以从几个方面着手，来培育孩子良好的自我效能感：

第一，信任和鼓励孩子，在孩子的心中播下自信的种子。孩子会在内心记住这种信任，然后循序渐进培养自己的自信心。例如，"你的表现让我印象深刻！"这看起来简单，许多父母却不容易做到。

1996年，美国心理学家班杜拉和他的同事，曾经对279名11～14岁的儿童和他们的父母进行了调查研究，结果证明父母和儿童的自我效能水平在相当程度上影响他们的学习成绩，而父母对孩子的激励，也有助于孩子获得好成绩。

以自信为核心的自我效能感，是孩子学习成功的关键。孩子也许会犯错误，也许会不断变化自己的想法，但他们能体会并且永远不会忘记你的鼓励和支持。如果你信任你的孩子，他们也会信任自己。

父母要杜绝那种不容置疑的批评，因为这往往让他们感到气馁，以为自己不够聪明，不会读书。这种过程是破坏性的，它会碾碎孩子的自我效能感，以为自己没有能力。

第二，培养孩子的自我效能感，需要让孩子看到自己的成功，并感觉他们能做到。

1981年，舒恩克以算术成绩极差的小学高年级学生为被试，对自我效能感进行了研究。他为这些学生安排了一个星期的训练，在每次训练中他先让他们分别学习算术的自学教材，然后由榜样演示如何解题。榜样在解题时，一面算一面大声地说出正确的解题过程，最后再让这些学生自己解题。

而在学生自己解题之前，舒恩克要求他们把所有的题看一遍，并判断一下自己有多大把握解出所有的题，以此来了解其解题的自我效能感。结果发现，经过训练，这些学生的自我效能感逐渐得到增强，与之相应，他们解题的正确性和遇到难题时的坚持性也得到了提高。

这个实验再次证明，自信来源于孩子对所从事的活动的熟练程度，而不在乎与别人相比的优劣；当这种熟练感变成烦闷和焦虑，自信心也会受到打击。孩子的自信，建立在能够看到自己熟练程度不断提高的基础上，必须通过孩子自己领悟才能得到。这不仅是一个学习能力的提高，更是一个自信提升的过程。

我的儿子乐乐5岁开始学架子鼓，老师的教育方式是在最初阶段教其练习一些简单曲子。他解释说，如果他能在别的孩子面前流畅地打出一曲《苏珊娜》并得到喝彩，就会增加他对自己能力及整个自我的良好感觉，就可以更从容熟练地在众人面前演奏。

第三，让孩子学会自己面对挑战。必须通过指导、教育和创造性的活动，提高他们的自我效能感，让他们相信自己的能力。

在这个过程中，孩子所犯的错误都是有意义的，不存在所谓"愚蠢的错误"或者"不应该的错误"。在这方面，我们一定要记住美国育儿作家娜奥米·阿尔多特（Naomi Aldort）的话："真正的自信得益于'我能行'的信念。当孩子还是襁褓中的婴儿时，家长就务必时刻提醒自己：除非他提出要求，否则不要随便帮助他。"

第四，让孩子在群体中建立自我效能感。

让他们有自己的追求的同时，加入群体，享受群体带给他们的快乐。对孩子们建立自我效能感来说，那些鼓励孩子协作的活动，要比充满竞争的活动效果更好。比如说，孩子可以教弟弟妹妹读书。这样的辅导模式，会让小的获得知识，而让大的得到自信。

在孩子的学习过程中，真正的主角是他自己，别人的指导不是必不可少的。离开家长，孩子自己也可以把一个东西学得很好。

28 7±2效应
好记性不如烂笔头吗

做笔记的好处，也许并不在于笔记本身，而是因为做笔记这个动作本身，有助于指引并稳定学生的注意力，加强他们对学习内容的理解。

亲爱的心理学家：

您好。我经常听人说"好记性不如烂笔头"，但是我儿子上课却不喜欢记笔记，只有课本上没有的内容，他才会记在课本上。我问他为什么不记笔记，他的理由是：老师每节课都写好几黑板，如果忙着抄黑板，就没时间看书和做练习了。

想一想也有道理。我看一本书上说，大学者钱钟书在清华大学上学时，喜欢博览中西图书，但是上课时从不做笔记。不知您对这个问题是怎么看的？我儿子要不要记笔记呢？

——为儿子不记笔记而左右为难的父亲

亲爱的朋友：

在回答这个问题之前，先请您读一遍下面的一行随机数字：

7 1 8 6 3 9 4 5 2 8 4

然后合上书，按照原来的顺序，尽可能多地默写出来。

再读一遍下面的随机字母：

H J M R O S F L B T W

然后用上述方法，来测试自己的记忆。

假如你的短时记忆像一般人那样，你应该至少能回忆出5个，最多回忆出9个，即7± 2个。

这个有趣的现象，就是7± 2效应，最早是由爱尔兰哲学家威廉·汉密尔顿在19世纪中叶观察到的。他发现，如果将一盒子弹撒在地板上，人们很难一下子观察到超过7颗子弹。

1887年，雅各布斯通过实验发现，对于无序的数字，被试能够回忆出的约为7个。发现遗忘曲线的爱宾浩斯也发现，人在阅读一次后，可记住约7个字母。

1956年，美国心理学家米勒（George A。Miller）教授发表了一篇重要的论文——《神奇的数字7加减2：我们加工信息能力的某些限制》，明确提出短时记忆的容量为7± 2，即一般为7并在5~9之间波动。这就是神奇的7± 2效应。

由此可见，人脑的短时记忆容量是极其有限的，需要辅助手段，才能记住更多的东西。宋代诗人苏轼能把一本《汉书》都背下来，他的好记性也是来自于"烂笔头"。

有一次，有位叫朱载上的朋友去看望苏轼，等了好久苏轼才出来，他向朱载上道歉并解释道："我正在抄《汉书》。"

朱载上听了很不理解地问："先生天资那么聪敏，书看过一遍，一辈子都

"好记性不如烂笔头"

忘不了，哪里用得着抄呢?"

苏轼说:"话不是这样说，我从开始读《汉书》到现在，一共抄了三遍了。开始的时候，每段史事我用三个字当题目;后来用两个字，现在只要抄一个字了。"

朱载上挑了几个字一试，苏轼果然应声背诵出好几百字，而且完全没有错漏一字。

苏轼不仅三抄《汉书》，其他如《史记》等几部数十万字的巨著，他也都是这样一遍又一遍地抄写的。苏轼称它为"迂钝之法"，但正是这样的方法，练就了苏轼"过目成诵"的本领。

上面的故事，证实了"好记性不如烂笔头"的说法。从学习心理学的角度来说，做笔记确实有益于记忆。

美国心理学家巴纳特（1981）以大学生为被试做了一个实验，研究了做笔记与不做笔记对听课学习的影响。大学生们学习的材料，是一篇1800个词的介绍美国公路发展史的文章，以每分钟120个词的中等速度读给他们听。

他把大学生分成三组，每组以不同的方式进行学习。甲组为做摘要组，要求他们一边听课，一边摘出要点;乙组为看摘要组，他们在听课的同时，能看到已列好的要点，但自己不动手写;丙组为无摘要组，他们只是单纯听讲，既不动手写，也看不到有关的要点。

学习完文章以后，对所有学生进行回忆测验，检查对文章的记忆效果。结果表明:在听课的同时，自己动手写摘要组的学习成绩最好;在听课的同时看摘要，但自己不动手组的学习成绩次之;单纯听讲而不做笔记，也看不到摘要组的成绩最差。

一些学生认为，反正课本上什么都有，上课只要听讲就行了，没必要记课堂笔记。但是研究表明，对于同一段学习材料，做笔记的学生，比不做笔记的学生成绩提高两倍。原因也许并不在于笔记本身，而是因为做笔记这个动作本身，有助于指引并稳定学生的注意力，加强他们对学习内容的理解。记笔记的过程也是一个积极思考的过程，可调动眼、耳、脑、手一齐活动，促进了对课堂讲授内容的理解。

同时，记笔记有助于把老师在课堂上讲授的一些新知识、新观点记下来，不断积累，获得许多新知识。但是，做笔记并不是将老师讲的每句话都记录下来，而是抓取知识要点，如重要的概念、论点、论据、结论、公式、定理、定律，对老师所讲的内容用关键词语加以概括。

那么，是不是要求每个学生上课都必须做笔记呢？

这倒也未必。首先我们要理解，课堂教学是由老师的讲课和学生的听课组成的。对学生来说，听课是第一位的、最重要的，他必须认真听课，积极主动思考，积极回答老师提出的问题，把老师讲的东西听进去并消化吸收。其次才是记笔记，只有听懂了课，记下来的笔记才会有意义。

有一个笑话说，生物老师给学生简要讲解怎样区分狼与狗："狗会摇尾巴，而狼不会摇尾巴。"

讲完以后，老师在教室里闲转，顺便看看学生的课堂笔记，只见一个学生的笔记上写着："狗会咬尾巴，而狼不会咬尾巴。"

有很多学生上课不做笔记，但是听得认真，而且听完就能抓住重点并且理解。这种思维能力是因人而异的，由此而养成的学习习惯也是不同的，不必强求一律。

所以说，上课是否做笔记，应该看孩子的思维和学习习惯。如果不做笔记并不影响他对学习内容的理解和记忆，那么就不必强求他一定要写笔记。

29 第10名现象
孩子学习成绩不好怎么办

第10名左右的小学生，有着难以预想的潜能和创造力，让他们未来在事业上崭露头角，出人头地。

亲爱的心理学家：

您好。我的儿子在一所重点高中读高二，高一时成绩一直很优秀，基本是在班上前5名，年级的前30名。进入高二后，前几次考试成绩却不太理想，特别是最近的一次考试，名次退到了班级10名以外，在全年级排60多名。他甚至开始怀疑自己的能力，一听到考试就害怕，甚至多次对家长提到"要是能不参加考试就好了"。

从他上幼儿园起，我和妻子工作之外的时间都用来陪他学习和上各种辅导班，就是希望他能考上理想的大学。现在看着儿子成绩下滑、郁郁寡欢，我很担心十几年的努力功亏一篑，不知该怎么办才好。请问应该怎样帮助孩子？

——一个为孩子成绩下滑而郁闷的家长

亲爱的朋友：

您好。我很理解您的心情。在当下的中国，几乎没有一个父母不关注孩子的学习成绩，并随着这些数字的变化而心潮起伏。

比成绩更让人揪心的是名次。经常有一些朋友与我交流孩子的名次问题，那些名次比较好的学生家长，大都会说：我们家里对他要求很严格，我要他每次考试都争取是班上的第一名。有的家长甚至会说，现在是赢家通吃的社会，只有一个第一名，其他都是失败者。

家长对孩子严格要求没错，但是用考试名次来衡量孩子的进步，这样的观念不但是个错误，更是十分危险的。

2004年，《纽约时报》发表了一篇题为《朱莉亚效应》（Julliard Effect）的文章。朱莉亚音乐学校，是位于美国纽约的世界顶级音乐学院。能够进入朱莉亚学校的，全是来自世界各国的顶级天才级的年轻音乐家。考取这所音乐学校，等于考中了音乐的状元，而且是全球的状元。

这篇文章的作者，调查了该校1994年毕业班几十位同学的就业现状，却发现只有不到一半的人，在毕业10年之后还在从事音乐工作。很多人做着和音乐无关的工作，有人做了银行经理，有人做了会计，有人从事了计算机，还有一个人居然做的是报税员（tax preparer），这是一个简单低级财务工作。

为什么这些来自全世界的音乐状元，毕业后的就业情况竟如此差强人意？《纽约时报》指出：无论你多么有才，但要想获得成功，除了专业知识之外，你还必须拥有更全面的能力。

无独有偶，2009年，中南大学教授蔡言厚带领的课题组发表了《中国高考状元调查报告》，再次印证了这个结论：1977~2008年32年间的高考状元，几乎没有一个成为做学问、经商、从政等方面的顶尖人才，他们的职业成绩远远低于社会预期。用一句成语来形容他们，就是"小时了了，大未必佳"。

大陆作家刘诚龙曾经做过一次有趣的调查，他把两份名单给人看，问他们是否熟悉这些人名。第一份名单是：傅以渐、王式丹、毕沅、林召堂、王云锦、刘子壮、陈沆、刘福姚、刘春霖。第二份名单是：李渔、洪升、顾炎武、金圣叹、黄宗羲、吴敬梓、蒲松龄、洪秀全、袁世凯。

结果，被调查者多数对第一份名单中的人一无所知，而对第二份名单耳熟能详。谜底最后揭晓是：第一份名单里的人，全是清朝的科举状元；第二份里的人，全是当时的落第秀才，后来却成为各领域的翘楚，有的成为思想家，有的成为文学家，有的成为一代枭雄……

那么，考试得多少名的学生，会取得高于预期的职业成绩呢？

杭州市天长小学的老师周武，用一个调查回答了这个问题。周武老师从1989年开始，经过10年的时间追踪调查了151名毕业班学生。

他发现，学生的成长是一个动态的过程。在这种动态变化中，小学的好学生随着年级升高，出现成绩名次后移的现象：小学时主科成绩在班级前5名，进入中学后名次后移的，占43％；相反的，小学时排在7~15名的学生，进入中学后，名次往前移的比率占81.2％。

周武提出了一个名词："第10名现象"——第10名左右的小学生，有着难以预想的潜能和创造力，未来在事业上崭露头角，出人头地。这里所指的第10名，并非刚好是第10名的学生，而是泛指成绩中庸的学生。这个群体的共同特征是：他们受老师和父母的关注不那么多，学习的自主性更强、兴趣更广泛。

那么，导致这种现象发生的原因是什么呢？

周武总结，名列前茅的学生因为得到父母、师长过分关注，过分强化学科成绩，反而压抑了潜能和学习自主性。他们把全部时间都用在了对书本知识的学习上，所以虽然成绩优秀，但平时很少接触书本以外的知识。而"第10名"的学生，功课学得也不错，同时又留有空闲时间了解课堂以外的知识，因此，他们的知识面更广，知识结构更完整。

日本的松下公司就有一种很特别的择才标准，即"寻求70分人才"。公司创始人松下幸之助认为，人才的雇佣以适用公司的程度为好。程度过高，不见得一定有用，招募过高水准的人是不适宜的。这种选才用才方法，与第10

名现象如出一辙。

数学家笛卡儿说过："拥有灵活的大脑是不够的，最重要的是，正确地运用大脑。"孩子的能力是多方面的，如人际沟通能力、领导管理能力、创造力、协调力等。这些能力都是在考试成绩中无法体现出来的，可对一个人的事业成功来说是非常重要的。

因此，家长不要过分看重孩子的考试成绩，而忽视了对孩子其他能力的培养，更不能因此忽视了孩子的点滴进步。

最后，引用台湾作家林清玄的一段话，送给那些渴望孩子每回考第一的家长吧——

如果你的孩子是第一名，那就让他别那么努力，轻松点进入7~17名里，那才能成功。如果你的孩子是后几名，那就让他努力进到前17名里面。

30 反拨效应
考试多对孩子好不好

测试不仅测试了孩子知识的掌握程度，还改变了它们，而且往记得更牢的方向上改变。

亲爱的心理学家：

您好。我儿子正在上初中，他们学校平均两周搞一次测试。既然是考试，孩子总得复习吧，考完又要改正。我曾经听来几句顺口溜，来形容考试对孩子的摧残：考试就像得了病一样，考前是忧郁症，考时是健忘症，考后病情开始好转，拿回卷子时，心脏病就发作了。

本来每周学新课孩子就要不停地吸收，这样频繁的考试，对于学生来说有什么好处吗？是不是有点题海战术的味道啊？

——一位为孩子考试频繁而担心的家长

亲爱的朋友：

您好。考试对孩子有没有好处，关键在于老师和孩子如何看待和应对考试。

按道理来说，阶段性的考试，只是为了了解孩子对所学知识的掌握程度，以及不足的地方，用来指导后一段的学习。所以，考试只是检验孩子对知识掌握程度的一种手段。

但是现在，很多学校却把考试变成了督促学生学习的杀手铜，假如考不好，会给予惩罚；考得好，会给予奖励。这给学生造成了很大的精神压力，让他们整天心事重重，严重影响了情绪。正所谓"考考考，老师的法宝、学生的苦恼"。

这样的考试，其实已经失去了本来的意义。不过，我们不能因为这种变了味的考试，就抹杀了考试本身的意义。

根据研究，考试和小·测验其实是学习的有效工具。詹姆斯（1890）在其《心理学原理》一书中就讨论了测试的作用——

我们的记忆有一个奇怪的特性，即积极的重复比消极的重复能让我们更好地记忆。我的意思是，当我们几乎学会了某一内容时，与其再看一遍这些内容，不如停下来试着回忆一下。如果我们能通过后一种方式回忆出一些内容，那么在下一次我们应该也能回忆出来；而如果是以前一种方式，我们很可能需要再学一次……

测试不仅测试了孩子对知识的掌握程度，还改变了它们，而且往记得更牢的方向上改变。因为它促使孩子从遗忘的沼泽中重新拉出一段信息进行再记忆，并且从本质上改变了信息的存储方式，使将来的回忆变得更容易。

在心理学上，把测试对孩子知识记忆的促进现象，称为"反拨效应"，也叫"测试效应"。

美国华盛顿大学的亨利·罗迪格（Roediger）博士和杰弗里·卡匹克（Jeffrey Karpicke）曾经进行过一个实验，要求一群大学生在短时间内通读一篇科普文章，并在之后做一份阅读理解。

当学生在两个学习段中连读两遍文章，他们能在随后进行的测试中获得高分，但会渐渐遗忘。但是，如果他们在第二个学习段中做一下模拟测试，他们不仅在两天后的考试中获得高分，并且在一周后还能保有清晰记忆。

罗迪格说："一想起'考试'总会令人不快，眼前就会浮现出千篇一律的考试场景，但我们可以为它改个称呼，这是我们'最有力的学习武器'。"

当然，孩子讨厌考试的一大原因，是因为它总是很难做。但恰恰是因为它的难，才使其对学习有很大帮助。考试越难，孩子答题的时候越是绞尽脑汁，越能让孩子对考试内容难以忘怀。

可见，让考试回归考试的本来意义，而不是成为老师评价学生优劣的准绳和施加压力的工具，它还是很有价值的。我们可以让孩子慢慢理解，并且尝试做一些自我测试来巩固学到的东西。

31 叶克斯－道森定律
为什么会出现考场发挥失常

当焦虑水平为中等时发挥得最好，这时人的紧张和焦虑对能力发挥有促进作用；不过，当人紧张过了头，焦虑水平超过限度时，又会对能力发挥产生阻碍作用。

亲爱的心理学家：

您好。我儿子读初中，平时学习挺认真的，课堂表现也不错，但是一到重要的考试，总是成绩不理想。据他陈述，一到考场他就特别紧张，特别是听着别的同学翻试卷的声音，心里更加紧张，结果一些并不难的题目都没做好。

我觉得他的学习没问题，就是容易临场发挥失常。我想请教一下，这是怎么造成的？有什么办法帮助让他克服这种情况吗？

——一个为孩子而焦急的母亲

亲爱的朋友：

在学校里，我们经常会看到一些和您的孩子一样"命运不济"的孩子，他们平时学习很好，课堂表现也不错，但是一到考试却往往发挥失常。有个孩子用一首《考试诗》，描述了考试中受到的打击——

拿到试卷透心凉，一紧张，词汇忘。似曾相识，解释却不详。语法阅读两茫茫，看作文，泪千行。两小时后出考场，见同窗，共悲伤。如此成绩，无脸见爹娘。待到成绩发榜日，楼顶上，泪千行！

这样的打击，会让他们变得比较敏感，容易失去平衡。在下次考试时，就会更加紧张，形成恶性循环。

克拉克是澳大利亚长跑名将，在1963年至1968年曾17次打破世界纪录，是田径场上的奇才。然而，正处于运动巅峰期而且众望所归的他，却在两届奥运会的赛场上发挥失常，与金牌失之交臂。

后来，那些平时训练水平高、成绩好的运动员在大赛中的失常现象，就被人们称为克拉克现象。其实不仅在运动场上，举凡是考试和竞赛的地方，都会出现临场发挥失常的现象。这到底是为什么呢？

1980年，心理学家叶克斯和道森通过实验发现，人做事的效率和焦虑水平之间有一定的函数关系，表现为一种倒"U"形曲线。

简单地说，就是随着紧张程度增加，人的积极性、主动性和意志力也会随之增强。当焦虑水平为中等时发挥得最好，这时人的紧张和焦虑对能力发挥有促进作用；当人紧张过了头，焦虑水平超过限度时，又会对能力发挥产生阻碍作用。

这就揭示了紧张焦虑程度对能力发挥的影响：轻度紧张、适度焦虑，相当于神经内分泌功能的总动员，会调动自己生理、心理的各种积极因素，以应付紧急情况，有助于临场竞技水平的发挥。但是，如果过分紧张、焦虑过度，使测试焦虑达到第三级水平时，会出现精神疲劳和心理疲劳现象，严重地影响能力的发挥（见图1）。

焦虑水平的高低，与任务的难易程度有直接的关系。打个比方，压力过大就像一个铅球一样，压力不够就像一片树叶一样，而适度的压力就像一块石子。铅球太重，树叶太轻，人都没办法扔得很远，而只有轻重适中的石子可以抛得最远（见图2）。

学生考试和任何竞赛类活动一样，光想赢的未必赢，不怕输的反而不输。要帮助孩子，父母先要解除对分数的焦虑。对孩子在考试时取得的成绩，

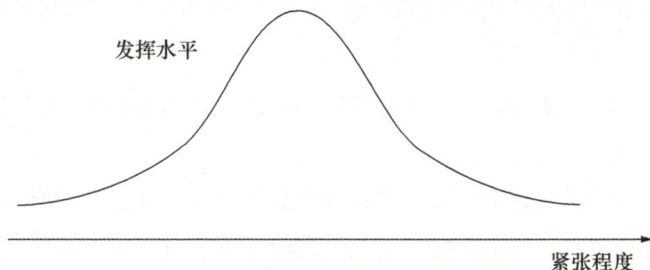

图1　水平发挥与紧张程度关系图

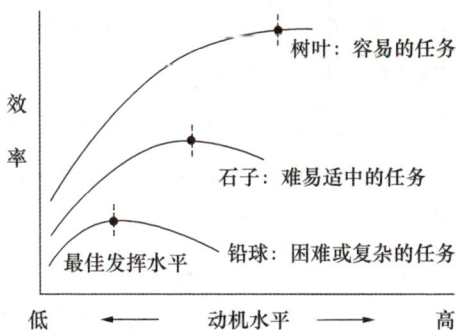

图2　焦虑水平与任务难易之间的关系

要根据自己的实际能力和目标的相对难度，确定期望值；也不要和别的同学比。如果确定了一个过高的目标，无形中也就增加了任务的难度，焦虑水平就可能会过高。

　　只用考试成绩作为评价孩子的尺度，父母就变成了盲人。只有多用几把尺子衡量，才能真正发现孩子的优点和长处，从而更宽容地看待孩子的考试。正如英国教育家斯宾塞所说：身为父母，千万不能太看重孩子的考试分数，而应该注重孩子思维能力、学习方法的培养，尽量留住孩子最宝贵的兴趣与好奇心。绝对不能用考试分数去判断一个孩子的优劣，更不能让孩子有以此为荣辱的意识。

家长的分数焦虑解除了，接下来的问题是，怎样帮助孩子减轻过度的焦虑和紧张呢？

一个传统的方法是适度的运动。研究表明，紧张情绪会使肌肉紧张，并产生大量的热能，而原地走动、小跑、踢腿等运动，可以使肌肉松弛下来，释放紧张情绪产生的热量，从而缓解紧张情绪。让孩子考前做一些不太剧烈的运动，可以缓解焦虑。

还有一个方法是《自然科学》杂志报道的最新研究成果——在考试前写出自己的担忧，反而可以降低焦虑的程度。

研究者找了20名学生进行实验，让他们参加两次数学考试。第一次，所有学生像平常一样参加第一次考试。但在第二次考试前，告诉学生们，如果得高分就能赢得奖金，他们的一位朋友已经通过了考试，考试的过程被全程录像，他们的老师和朋友都能够看到。

然后，让一半学生利用10分钟时间写出自己对考试的担忧情绪，而剩下的一半则静静地等待考试。

结果发现：静待考试的学生成绩比第一次下降了12%，而考前写下自己担忧的学生，成绩比第一次提高了5%。不过要注意，一般的写作对改善焦虑没影响，只有关于考试的写作才能降低焦虑程度。

除了考前的这些方法，在进入考场以后也有一些小策略可用。

第一个策略是转移自己的注意力。考试时，动笔前不要紧盯着监考老师或试卷，如果感觉紧张，可以转而观察桌上的某个东西，观察它的颜色、形状等，将注意力从考试上暂时转移开。

第二个策略是深呼吸。有的人在紧张时甚至觉得呼吸都很困难，反过来，

考试

策略 1:
转移自己的注意力

策略 2:
深呼吸

策略 3:
观察考场上的其他人

我们也可以通过调整呼吸来缓解紧张。在考场坐下以后，舌抵上颚，用鼻子做深呼吸，做到吸气深而满，吐气慢而均匀。

第三个方法是学习法。教孩子观察考场上的其他人，那么他可以从同样紧张的人身上找到心理平衡，从表现轻松的人身上感染镇定的情绪。

明代时，"心学"大师王阳明的弟子徐爱要参加科举考试。徐爱太想当状元了，临行前非常紧张。王阳明教徐爱三点秘诀，结果徐爱发挥正常，榜上有名。

三条秘诀里的头一条，就是要放下患得患失的焦虑。他说："入场之日，切勿以得失横在胸中，令人气馁志分，非徒无益，而又害之。……夫心无二用，一念在得，一念在失，一念在文字，是三用矣，所事宁有成耶？"

王氏三秘诀的核心，其实就是以轻松清醒的身心状态备考。我相信，只要能认识并运用心理规律进行调节，孩子的焦虑一定会降低，他一定能正常甚至超常地发挥出自己的水平。

32 动机拥挤效应
应该给孩子发奖金吗

奖金固然可以强化某种良性行为，但它也存在巨大风险：可能侵蚀孩子对学习的内在兴趣，使孩子只对奖金感兴趣，而对行为本身失去兴趣。

亲爱的心理学家：

　　您好。我最近遇到了麻烦事。儿子读一年级时，期末考"双百分"，姑姑带他去肯德基吃了一顿，还奖励了100元，儿子保证以后认真学习，考得更好。之后，每次期末考试拿到好成绩，家长就会奖励他100~300元不等。

　　但现在孩子的要求越来越高。前几天，孩子又问："这次考好了，能不能奖励3000元买个手机？"这让我们很犯难：答应吧，成本太高；不答应吧，又怕打击了孩子学习的积极性。请问，我们应该怎么给孩子奖励呢？

　　　　　　　　　　　　　　　　　　——为奖励而烦恼的家长

亲爱的朋友：

　　对于家长用发奖金的方法就能激发孩子学习积极性的说法，还要打个问号。

　　其实，从几十年前开始，心理学家就着手研究这个问题了。

　　他们做了一个有趣的心理实验：发给孩子们彩色的软头笔，让他们来画画——这是一项孩子们最喜欢的活动。

　　孩子们被分为AB两组。A组孩子得到许诺：画得好，就给奖金；B组孩子则只被告之"想看看你们的画"。两个组的孩子都高兴地画了自己喜爱的画。

但是，三星期后，心理学家发现，A组孩子大多不主动去绘画，他们绘画的兴趣也明显降低，而B组孩子则仍和以前一样愉快地绘画。而且，一旦停止给钱，A组孩子立马失去画画的热情，而B组孩子继续乐此不疲地到处涂鸦。

这个实验，曾在不同国家、不同兴趣组里进行过，实验结果得到了反复验证。

这个实验告诉我们：奖金固然可以强化某种良性行为，但它也存在巨大风险：外部奖励侵蚀孩子对学习的内在兴趣，使孩子只对奖金感兴趣，而对行为本身失去兴趣。在心理学上，这叫做"动机拥挤效应"（motivation crowing），也就是说获得外部奖励的动机与内在动机发生了冲突，前者削弱了后者。

在这种情况下，一旦外部奖励系统停止，小孩的学习兴趣就减退，成绩就下降。

有这么一个笑话，说某孩子要参加一科的考试，于是父亲给了孩子100元

奖金，拿来再画吧！

老师说想看我再画一张~~
嘻嘻！！

钱，希望用这个方法激励孩子。他告诉孩子说："分数是有价值的，1分就等于1元钱，我相信你不会让我失望。"

考试结束后，孩子从学校带回了试卷交给父亲，里面有找还给父亲的64元钱。

这只是个笑话。不过美国的一些公立学校确实在试验"现金换成绩"。在纽约市的"星火计划"里，一个成绩好的4年级的学生可挣250美元，七年级学生挣的还能翻一番。芝加哥的"纸项目计划"，允许念书好的九年级和十年级学生赚取最高达2000美元（平均800美元）。

这些项目是由哈佛大学的经济学教授罗兰德-弗赖尔设计的。结果仍未公布。尽管如此，我们对研究的结果猜出个八九不离十。

首先，如果念书的兴趣非常低，金钱可以改善学习动机。

第二，对于数学这样学生最恨的科目，学习成绩应该能改善。

第三，对于学生喜爱的科目，金钱激励自然会收效甚微。

第四，一旦物质刺激结束，各科成绩将会一落千丈。

最后，参与物质刺激计划的学生，将长久地失去为自己学习的兴趣。

虽然现在是一个知识经济的社会，但我们还是不要这么早地将知识和金钱相挂钩，否则，它不仅会变成一项负担，更可能毁掉孩子学习的兴趣。与物质奖励相比，赞美孩子看上去不会那么立竿见影，但是长期来看却是一个惠而不费的方法。

如果非要进行物质奖励，也尽量不要用现金的方式。钱要花在刀刃上，而不是刀背上，你可以给孩子主导权，让他选择一件自己喜欢做的事情，比如一起看场电影、旅游等，或者在不经意处给他一个surprise吧！

33 空白效应
怎样让孩子主动做作业

孩子学习主动性差，往往不是因为介入和督促太少，而是因为督促过分。父母和孩子形成了支配与被支配的关系，孩子也就失去了发展自我管理能力的空间。

亲爱的心理学家：

您好。我儿子从小就很听话，各方面表现都不错，就是学习不主动。每天的作业，都要大人提醒催促。从小学开始，儿子做完作业都要我检查一遍。我也曾想培养他的主动性，可是一放手，儿子就不知道做什么了，成绩也急剧下滑。经历过几次，我也不敢放手了。

尽管如此，他的学习成绩还在逐步下降。到高一时，成绩已经由小学时候的班级第一名下降到十几名了。我想请教一下，孩子学习不主动怎么办呢？如何提高他们的主动性呢？

——一位家长

亲爱的朋友：

很多父母和您一样，都在抱怨孩子做作业不主动，积极性不够。但是他们没有想到，这看上去是孩子的问题，根源却在父母身上：孩子不主动，往往是因为父母太主动。

在国画里，有一个术语叫"留白"，有一句话叫"画留三分空，生气随之发"，说的是一幅画如果上下左右塞满了景物，不留一点空白，往往给人以拥塞、沉闷甚至窒息的感觉。而如果在画面主体四周留有一定的空白，能使主体醒目、突出，而且能激起观众更多的想象余地，去领悟作品的意境。

空白效应若用在督促孩子做作业上，效果会比一刻不停地催促要好得多。如果讲解完应该做的作业之后，留下时间让孩子自己去思考完成。这样，他就不会有一种被"穷追不舍"之感。

根据以色列本古里昂大学（Ben-Gurion University）的艾迪特·卡茨博士等学者的一项研究，要想提升孩子们完成学校作业的主动性，需父母要先改变自身的态度和行为。

研究者对两所小学的135名四年级学生的父母进行调查。学生回答关于做作业动机的问卷，而父母则完成另外一份试卷——内容是关于他们介入孩子做作业的情况。

调查发现，超过60%的父母每周至少一次介入孩子的作业问题，35%的父母表明每周有1~7天会介入孩子作业的问题，只有4%的家长称从未干涉过孩子的作业问题。

这篇研究发布在《学习与个体差异》学术杂志上。研究发现，家长的介入与督促次数，与孩子完成作业的程度并不成正比。很多孩子学习主动性差，往往不是因为介入和督促太少，而是因为督促过分。父母和孩子形成了支配与被支配的关系，孩子也就失去了发展自我管理能力的空间。

在生活中，有些父母生怕孩子落后，孩子做作业时忍不住要去指指点点，成绩下滑了少不了要警告几句。他们认为督促孩子越多，孩子学习就越主动，进步就会越快。

但是，父母这样做的结果是南辕北辙。在絮叨和数落中，孩子不可能有积极愉快的情绪，也很难进行主动积极的思考。而且，督促过分只会使孩子更加不主动，原因很简单：如果孩子习惯了被父母推着走，他怎么能主动呢？他已经被剥夺了主动的权力，甚至已经失去了自己。这样的孩子，不只是学习不主动的问题，恐怕生活中一切都是被动的。

对于孩子的学习来说，父母适当的介入和督促是必要的。但是介入和督促，最终是为了孩子自主安排学习和生活，所以一定不能过分。我们可以给他们多一些选择，比如何时写作业以及在哪里写，也可以提醒孩子："你准备什么时候做作业呢？"而一定不要命令他："该做作业了，不要玩了！"

在一本教育著作中，美国教育博士简·纳尔逊（Jane Nelsen）讲述了一个欲擒故纵的策略故事。

一位母亲看到女儿经常不能及时完成家庭作业，于是提出了一个"荒唐"的建议：替她把作业完成。女儿听到这个建议后很是吃惊，但并没有阻止，因为她想看看妈妈是如何做家庭作业的，更想知道妈妈是否想耍什么"花招"。

妈妈让女儿每天放学后告诉她有哪些作业，自己需要做什么。第一天晚上，妈妈就按照女儿的"布置"，完成了大部分的家庭作业，几乎没有任何疑问。

第二天晚上，妈妈开始频繁地询问女儿，应该怎样去找相关的信息，或者询问老师有没有解释怎样做这个数学运算，到底怎么做才能做对。女儿不得不给妈妈讲解课堂上老师讲过的东西。

后来，女儿发觉：要给妈妈讲过之后再等她来完成，实在太麻烦了，而且在给她讲明白之前，自己已经把题目解决了，妈妈所做的不过是重复一遍，或是写到作业本上而已。她不想让妈妈再为她做作业了，但是妈妈却说："不行，我担心你不能完成作业，这样会被老师责罚，会很糟糕。"

妈妈还是坚持这种方式，不过只是在女儿明显没弄清楚的地方与她一起探讨。一段时间后，她发现女儿已经不再对写作业有抵触，并且能高效地完成了，才放弃继续为孩子做作业的行为。

　　这位聪明的妈妈没有直接说："你为什么不喜欢做家庭作业？""你难道不知道做作业都是为你自己好吗？""你做作业时会遇到哪些困难？"……而是直接参与到做作业的过程中，从而更敏锐地发现孩子的问题，并巧妙地帮助他解决了。这可以看做是对空白效应的反向活用——通过完全剥夺孩子的作业权力来"激将"。

　　父母不要一味地关注孩子完成作业情况或者分数，而要采取积极和支持的态度，告诉孩子学习是因为知识本身有价值。要让孩子感觉到，无论数学或语文取得什么样的进步，他们都会受到关爱和尊重，这样可以增加孩子的成就感，从而更主动地去完成学习任务。

　　在试图改变孩子之前，我们应当先问问自己为什么要去改变孩子、正在用什么态度去教育孩子，以及是否有这个能力。对孩子来说，家庭环境仅是建立主动性的一个重要因素，就像学校一样。

34 免疫效应
考前突击比平时学习效果更好吗

当发生了显著遗忘后再进行复习，学习者因为发现了遗忘的内容，就能强化复习的动机。

亲爱的心理学家：

您好。我儿子是一名高二学生，最近他很烦恼。他说班上有一些同学平时上课懒散，可是在考试前突击十天八天就考得特别好，而他自认为平时特别用功，期末复习也很努力，成绩却很不理想。从言谈话语中，他显得心里很不平衡，而且很没自信。我想请问，考前突击真的比平时学习的效果更好吗？

——一个关心儿子成绩的家长

亲爱的朋友：

您好。从直觉上来看，考前突击似乎是一个事半功倍的好方法。但是直觉会欺骗我们，考试之前的突击学习其实不是一个好主意。

究其原因，是他们把考试成绩当成了学习的终极目标，而不是当成检查和提高知识技能的手段。

不可否认，纯"填鸭式"的突击也能在考试中获得高分。但仓促间填满的大脑，就像急急被塞满的手提箱，许多学生突击学习后发现最后记的东西可以在大脑里停留一会儿，但绝大部分都无影无踪。

在创造心理学中，把长期固定于某一活动而逐渐丧失对活动内容的敏感性的现象，称之为疲钝效应。许多学生考试之后回忆不起之前学习的内容，就像是从来没见过那些一样，就是疲钝效应在起作用。

事实上，还有一个方法比突击学习更有效，它不仅能提高成绩，而且能让学生在同样的时间内掌握更多的知识。它就是间隔学习法。

所谓间隔学习法，就是把学习时间间隔开来安排。如果打算通过多次学习来掌握一个内容，那么，尽可能将一次学习和下一次复习之间的时间间隔拉得长一些。举例来说，你今天学了某一章节，那么就不要在同一天复习它，而是隔上几天再去复习。

我们可以打个比方。例如给你6小时，让你去俘获一个昨天刚刚认识的女孩的心，有可能吗？

你也许会笑："这怎么可能？时间也太短了，两个人连相互熟悉的时间都不够。除非一见钟情！"

其实，即使排除一见钟情的情况，你也有办法成功。关键在于你如何利用这6个小时。如果你抽出一天专门用来谈恋爱，赖在她那儿不走，突击6个小时，会怎么样呢？就算你嘴巴再厉害，魅力再大，对方恐怕也没办法接受你，甚至觉得你是神经病。

可是如果你把这6小时分散在6个月里，每周去和女孩子接触几次，开始时可以时间很短，甚至只是打个招呼。等熟悉起来以后，每次聊天5分钟或者10分钟。时机成熟的时候，进行最后的真情告白，大约是半个小时。假如你的魅力不是很差，成功的机会难道不是很大吗？

把这样的方法运用到学习上，就是间隔学习法。

有研究者发现，学生在学习词汇时，使用一大沓词汇卡的效果会比使用一小叠更加有效。这与很多老师所建议的恰恰相反，因为卡片数越多，学生用来复习的时间越长——有更多的间隔学习时间。

当我们的脑袋像手提箱一样，被仔细而又循序渐进地装载时，它能记住所装的内容很长一段时间。今晚学一个小时，周末学一个小时，下周再这么重复一次：这种间隔学习，在不要求孩子付出更多努力的情况下，能让他在日后更容易地回忆起今天所学内容。

没人能明确指出这背后的原因。有可能是在复习时，大脑会在加深理解前，先重学一遍之前已吸收的知识，这也是自我加深印象的过程。美国心理学家纳特·科内尔（Nate Kornell）指出，遗忘是学习之友，当你忘记一些东西时，我们就有机会能再学一下，下次你再见到曾遗忘的知识，你还会卓有效率的加深印象。

间隔学习法是一种非常有效的学习方法，它使学生有时间来遗忘知识。不要害怕遗忘，因为遗忘是学习的朋友。但是在感觉上，遗忘会使学生觉得好像没有学习，这使得人们感到学习没有成效。

在认知心理学中，当对学习的材料发生了显著遗忘后再进行复习，学习者因为发现了遗忘的内容，就能强化复习的动机，他不再把复习看成是多余的事，而是在复习中加强了努力和注意。

在这样的复习中，学习者还能发现造成遗忘的原因，如新获得的知识模糊不清、未充分分化、不稳固等，于是就在复习时想方设法加强薄弱的部分。因此，把它称为遗忘的"免疫效应"。

其实，早在2000多年前，我们的先贤孟子也曾经说过"其进锐者，其退速"，用来形容考前突击的学习效果。对这句话，朱熹的解释是："进锐者用心太过，其气易衰，故退速。"我们好好体会一下这句话，或许能发现其中的学习规律所在。

35 迁移效应
孩子不会举一反三怎么办

要学一件东西，必须主动运用学习的正迁移效应，通过灵活的思考运用到其他相类似的东西上。

亲爱的心理学家：

您好。我想请教一个学习上的问题。我女儿在学习上不会举一反三，每次我陪她做作业，有些东西一讲她就能懂。可是到了她自己做新题目时，哪怕只是稍微变一下形式，她就不会做了。现在的考试主要考察能力，试卷上都是课外题目，我很担心她会因此吃亏。应该怎样培养她举一反三的能力呢？是不是要做很多题目？

——为女儿的学习而烦恼的家长

亲爱的朋友：

您好。你女儿遇到的困难，实际上所有人都曾经遇到过。孔子曾经批评弟子说："举一隅不以三隅反，则不复也"，这充分说明，即使是在孔圣人的课堂上，也是有不少弟子做不到举一反三。

从心理学上来说，"举一反三"是一种学习迁移现象。这种现象是先学习的东西对以后学习的影响，如果先学习的东西促进了后面学习其他东西，就称为正效应；如果先学习的东西干扰和阻碍了后面学习其他东西，就称为负效应；而如果先学习的东西对后面的学习没有任何影响，称为零效应。一般来说，除非是严重健忘症的人，零效应出现的机会不大。

在日常生活和学习中，如果迁移效应运用得好，可能产生良好的学习效果。比如，在棒球队员中选拔出高尔夫球的集训队员，让会英语的人去突击学习法语、德语、西班牙语，一般会取得较为理想的效果。

例如，日本的老司机到美国开车，经常会手忙脚乱，甚至出现车祸。而且司机在日本的驾驶经验越丰富，这种现象越常见。这主要是因为，在日本是"车左、人右"，而在美国恰好相反。日本司机在本国的驾驶经验，到了美国以后，对他开车产生了负的迁移效应。

中国古代有一个笑话，说是一个叫阿聪的孩子，家里的矮床掉了一条腿。他父亲吩咐他到林子里去砍一根树枝来做床腿。阿聪弯下身子看了看矮床的另外几条腿，带着斧子和锯子出发了。

可是父亲在家等了一天，阿聪才两手空空地回来。父亲又生气又奇怪地问："树林那么大，难道你就找不到一根可以做床腿的树枝吗？"阿聪回答："家里的床腿是向下的，可是树枝都是向上长的，没有一根向下的。"

这说明，在阿聪过往的学习中，对于上下方向的印象特别牢固，以至于对后面的学习产生了负迁移。但是我相信，只要他父亲示范一次，这种负迁移就会很容易消除了。

那么，迁移效应是怎样形成的呢？目前主要有以下几种说法：

第一种称为形式训练说，认为学习的迁移是我们的心灵官能受到训练后自动发展的结果。如果通过某种学习训练，它就可以转移到其他学习上去，使其他学习更加容易。

第二种是心理学家桑代克（Edward Lee Thorndike）和伍德沃斯（Robert S.Woodworth）提出的，认为只有当两种学习具有相同或相似的要素时，才会产生迁移效应。

第三种是心理学家贾德（Judd，Charles H）根据自己的实验提出的，认为迁移效应能否发生，关键取决于学习者的概括能力。一个人对已有知识和经验的概括能力高，迁移效应就大，反之就小。

但是，不管它是怎么形成的，迁移效应对我们的学习都是很重要的，要学一件东西，必须主动运用学习的正迁移效应，通过灵活的思考运用到其他相类似的东西上。

对于孩子来说，首先要教会他"通过现象看本质"，领悟（不仅仅停留在"理解"上）知识、知识与知识之间的联系，吃透原理、规律，那么在新的学习情境中，新题目只是形式不同，命题和解题的原理、方法一样，就可以触类旁通，对同类型的新题目思考得深入，解决得快而正确。

其次，不要指望上课听一下，然后就会做所有同类型的题目，这是不现实的，必须要做适当的练习。练习时可以按从易到难的顺序来进行，不仅要追求数量，更要追求"含金量"——把握题目中蕴含的原理和方法。从这个意义上讲，"举三"、"举十"才能"反一"。

另外，这个过程还可以培养孩子的学习劲头和反思自我的精神。你不应该怀疑他的学习能力，而要帮助他不断反省和总结。

36 橡皮综合征
孩子写作业马虎怎么办

因为不能用橡皮，结果就逼着孩子们一下笔就必须认真工整，写作业非常专心，错误率大大下降。

亲爱的心理学家：

您好。我女儿上小学二年级，上课认真听讲，回到家也会主动写作业，但却是一个马虎大王，做功课很容易出错。每次写完后检查出错，只好擦掉重写，有时错得太多或者太不工整，甚至把本子擦破了，所以写作业花的时间也比较长，而且考试成绩也忽高忽低。我为此很苦恼，请问对她的这种马虎劲，有什么好办法吗？

——苦恼于孩子太马虎的母亲

亲爱的朋友：

您好。做功课马虎，可以说是孩子的一个通病。面对这个问题，仅仅靠提醒孩子"多注意、仔细一些"，是无济于事的。靠惩罚来让孩子杜绝"马虎"，更有可能适得其反，造成其他的问题。

孩子马虎犯了错，有错改错就好了，不必太计较。

对于低年级的孩子来说，知识结构尚未形成，思维定势也不明显，作业出错的偶然性和随意性很大。简单的一道3×4，成人可能张口就来，但是孩子却可能出错，因为他还没形成对这个知识的自动反应。父母看到很容易的题目都做错了，就简单归结为粗心和不用功，甚至小题大做批评一通。

这样做，主观上想引起孩子注意，克服粗心大意，但会好心办坏事。因为孩子是从父母的"眼睛"来评价自己的，如果过于渲染马虎的严重性，不仅不能解决问题，还会强化孩子的内疚和恐惧心理，甚至形成自我否定的心态。

有些孩子做作业时勇往直前，义无反顾，根本没有检查的概念，因此从来不会主动发现错误。他把检查工作都留给家长和老师，一旦查出错误他才改。对这样的孩子，可以要求他放慢写作业的速度，要求他必须自己检查，而且不是做完通盘检查，而是做一道检查一道，确信没错再做下一道。

父母要允许孩子的作业出现错误，即使发现孩子的作业有问题，也不要马上替他更正。如果孩子交上去的作业每次都是对的，老师很可能认为，你的孩子已经掌握了这一部分，可以继续学习新的东西；如果整个班都在往前学，而你的孩子以前的东西还没弄懂，那么错误只能是改不胜改。

相反，如果让他把带错的作业交上去，也正好实施一次"自然惩罚法"，让他记住教训。

在日常生活中，要帮助孩子克服"橡皮综合征"——写作业喜欢使用橡皮改错，不停地擦来擦去的习惯。

日本著名教育学家系川英夫曾将300名学生分成两组。一组可以使用橡皮涂改作业中的错误，另一组只许在错误处用红笔打个"×"。结果人们惊奇地发现，使用橡皮的那组学生，在作业相同的情况下，其差错出现的几率比后一组高出30%。

系川英夫认为，在学习过程中，学生很容易为新异、醒目的刺激所吸引。用红笔给错误打上"×"，把犯错误的教训保留下来，对帮助学生汲取教训是十分有益的。如果再让学生在错误旁边写上正确的内容，使其进行正和误的鲜明对比，则又能进一步帮助学生用正确知识去改正错误。

这种"不用橡皮法"对强化记忆和理解作用显著，而并非提倡"马虎"，有时使用橡皮也是必要的。提出"不用橡皮学习法",是为了帮助学生主动战胜错误。

著名教育工作者詹文玲在山西通宝学校当校长时,就曾对全校学生有个要求——学生一律不准用橡皮。刚开始学生不适应,经常把本子弄个大花脸,后来慢慢习惯了。

由于不能用橡皮,使得孩子们写作业时就必须认真工整,非常专心。这样,他们的错误率大大下降,反而养成了认真的习惯,对自己也有了足够的信心。

要鼓励孩子在家做作业时尽量少用橡皮甚至不用橡皮,如果作业本保持清洁,并在一定时间内迅速准确地写好字,就有一定奖励。经过一段时间的强化训练,孩子不再依恋橡皮,马虎的习惯会逐渐得到纠正。

37 从众效应
孩子考试作弊怎么办

周围的人是不是作弊，对孩子有巨大的影响。看到朋友作弊时，他们就会忘记这是不道德的，从而有很大机会去效仿。

亲爱的心理学家：

您好。我儿子今年刚上初一，就读于市区一所名校。不久前，学校结束了期中考试，住校的儿子像平常一样把衣服拿回家来洗。我在洗衣服前习惯性地掏了掏每件衣裤的口袋，结果在儿子的裤兜里掏出了几张细细长长的纸片，上面密密麻麻地写满了字。我仔细看了看，发现上面竟是一些数学公式，还有一些语文词句，基本可以断定是他用来作弊的小抄。

几天后，儿子回家报告说，他这次期中考试考了全班第12名，尤其在弱项数学上，这次考了90多分。我甚至还收到了老师的表扬短信，称儿子学习进步明显。

我知道儿了的成绩是有水分的，但是却不知道怎么揭穿这个"秘密"。一方面，我担心方法不当会伤了孩子的自尊心；另一方面，如果听之任之，又害怕会助长他这种不良行为。我希望能找到一个两全其美的办法，既能让孩子认识错误，又不会伤及他的自尊心。

——一位母亲

亲爱的朋友：

您好。发现孩子考试作弊，你没有急着批评和质问孩子，这样做是对的。

发现孩子考试作弊，很多父母的第一反应是："他怎么可能干这事儿？"但这么想只会让情况更糟。我们做父母的，都害怕接受孩子犯错的事实。

一位美国老师讲了个故事。他发现一个学生从网上抄袭了一篇作文的部分内容。他请来了学生的父母并把这件事告诉他们。但是那位父亲的反应却出人意料："好啦，总统的演讲稿也不是自己写的。"

作弊最直接的原因，是为了获得好成绩。如果孩子上学没多久，他们很可能还不知道作弊是不对的，或者只是想体验一下干坏事的刺激。如果已经上了几年了，作弊可能是因为平时学习不够努力，或者贪玩而没有复习，更有可能是背负了太多的分数压力。

现实中，许多父母往往"以分数论英雄"，一旦孩子考试分数低了就批评，甚至雷霆大怒。孩子有了压力，也觉得考不好很丢脸，就会采用非常手段来让自己和父母满意。

小强考完试回家，把考卷交给了妈妈。妈妈指着考卷，满脸狐疑地说："我怎么觉得这100分最后的一个'0'，好像是后添上去的？"

小强听了，顺嘴接着说："您看错了，这后面的两个'0'都是后添上的。"

所以，父母要反思是不是把分数看得太重了，是不是给孩子造成了压力。当孩子没有考好时，父母一定要有风度，不要指责或者奚落他们。指责和奚落，会让孩子变得更敏感和功利，也会鼓励他在下一次考试中作弊。要让他意识到在公平竞争中努力求胜，远远比胜利本身更重要。

孩子作弊，还有可能是因为看见有同学这么做，但是却没有意识到这是错误的行为。心理学家阿希曾进行过从众心理实验，结果在测试人群中仅有1/4~1/3的被试者没有发生过从众行为，保持了独立性。

在作弊从众方面，美国哈佛商学院的学者弗朗西斯卡·基诺曾经主持过一次实验。

他们从卡内基梅隆大学招募了141名学生，8~14人分成一组，分别进入一个房间。所有学生都要解答20道数学题，并且要在5分钟内完成——这是几乎不可能的任务。在每个学生面前还有一个装有10美元的信封。

学生答完题，被要求对自己的试卷进行评分，每答对一道题，可以从信封中拿走50美分，剩下的钱放入纸箱。接下来，只有一个参照组的试卷要交给实验者仔细评分，其他各组学生将试卷放进粉碎机粉碎，这样就没人知道他们是否作弊。

实验者虽然不检查每个人的答案，却可以通过查看每个组学生带走的钱数，来评估这个组的自评成绩和作弊发生的概率。

在实验过程中，实验者会在一些组中安排"桩脚"参加测试。"桩脚"假装仅仅一分钟就完成测验，并大声宣布自己已经正确答完试卷，把所有钱塞进自己腰包，所有人都知道他是在作弊。实验的巧妙之处在于，这些"桩脚"有一半穿着普通T恤，而另一半穿着卡内基梅隆大学的夙敌——匹兹堡大学的校服衬衫。

实验发现，知道无法作弊的参照组，每个学生平均拿走了3.50美元，也就是说平均答对了7道题。

其他的组，在没有"桩脚"的情况下，学生平均带走了6美元——明显有很多学生作弊了。当穿着匹兹堡大学衬衫的"桩脚"参与时，学生带走了4美元——高于参照组，但又明显低于没有"桩脚"的组。在"桩脚"穿一件普通T恤而让学生们认为他是"自己人"的组，带走了比其他组都多的钱——平均7.5美元，也就是说他们自称答对了15道题。

基诺指出，同伴对学生作弊有巨大的影响力。当"桩脚"以一个对手而不是同伴的身份进行作弊时，学生们的作弊行为大大下降。但当"桩脚"似乎是校友时，作弊行为就骤然增加。

这个试验给我们的启示是，<mark>周围的人是不是作弊，对孩子有巨大的影响。看到朋友作弊时，他们就会忘记这是不道德的，从而有很大机会去效仿。</mark>

我们可以借用鲁迅的话告诉孩子，作弊"有术也有效，然而有限，以此成大事者，古来无有"。告诉孩子，作弊不仅会埋没他的真实能力，也会让他失去自信。努力学习要比作弊付出的多很多，但长期看却会获得实实在在的好处。孩子也许不能马上明白，但是他们会懂的。

一天，一名信徒带着7岁的儿子伊塔去见智慧的拉比（犹太人学者）。信徒说："尊敬的拉比，请帮帮我吧，我的伊塔老是干坏事，今天他作弊又被抓住啦。"

当时，拉比正在院子里的冷水池里洗澡，听完这位父亲的话后，他二话没说，一把将伊塔拽入池里的水中。伊塔乍入冷水，冻得浑身哆嗦着大叫："哎呀，好冷，哎呀，好冷！"

拉比马上把他拉出池子，脱掉他湿透的衣服，找来一条厚毛毯将他裹得严严实实。伊塔不由得高兴地叫起来："啊哈，好暖和，啊哈，好暖和！"

这时，拉比开口说话："我亲爱的伊塔，你知道洗冷水澡和做坏事有什么区别吗？当你掉进冷水池的时候，你最初发出的声音是'哎呀'，然后才是'啊哈'。可是当你作弊的时候，你第一个发出的声音是'啊哈'，接着就是'哎呀'。要牢牢记住呀。"

所以，如果处理得当，在孩子受到更严厉的教训而发出"哎呀"之前，他也许只会作弊这一次。

38 南风法则
怎样让孩子不再厌学

只有找到了孩子需要什么，才能从"表现目标导向"转为"学习目标"。

亲爱的心理学家：

您好。我儿子今年15岁，刚上初三。从今年5月开始，他就回家不做作业，也不看书学习。他的成绩从年级的40名降到了178名，并向我提出转学要求。因假期后就上初三，我非常慎重考虑他的转学问题，为此给他做了很多工作，也请了他喜欢的老师和同学和他沟通，但收效甚微。

无奈之下，我给他转了学。我想换了环境也许他能有一个好的状态学习，没想到转学后，他回家照样不是上网就是看小说，根本不考虑作业和学习的事情。我说的话根本不起任何作用。

我该怎么办？期盼您的帮助！

——一个非常需要帮助的母亲

亲爱的朋友：

您好。不少数据调查都发现，厌学的孩子所占比例较大，成为当代学生的主要情绪问题。

《知心姐姐》杂志曾做过一个有关中小学生苦恼的调查，共收到问卷5782份。结果发现，在造成中小学生苦恼的6大因素中，学习和考试占了72.26%。

河南一家心理咨询机构对3所小学和3所初中的近万名学生进行了一次心

理测试，结果发现，有50%的初中生和近70%的小学生对学习没有兴趣，甚至"厌学"。

一般来说，厌学情绪分为三个等级：轻度厌学表现为孩子不喜欢或者不想学习，上课思想开小差，注意力不集中，写作业偷工减料等等；中度厌学表现为孩子逃课或者逃学；重度厌学已经发展为心理问题。

对于厌恶学习的孩子，有什么办法恢复他们的学习动力呢？我们不妨试一下心理学中的"南风效应"。

这个效应源自法国作家拉封丹的一则寓言。

北风和南风比威力，看谁能把行人身上的大衣脱掉。

北风首先发威，刮起猛烈刺骨的寒风，结果行人纷纷裹紧大衣，抵御严寒的侵袭。南风则徐徐吹拂，行人则因春暖上身，始而解开纽扣，继而脱掉大衣。结果南风取胜。

"南风效应"对教育的启示是：教育孩子要因势利导。这个"势"通常指教育对象的思想、情绪和兴趣等，是一个能动的具有变数的因素。孩子有自由意志和人格尊严，对接触到的信息（包括知识和他人）都有自己的反应。所以，在教育中，"教"虽然是"先在"的，却不是主要的；"学"虽说是"使动"的，却是主要的。

家庭教育的真正困难，也是教育艺术的奥秘在于：如何让父母的希望和要求转变为孩子自主、自愿的行为，即孩子采用的方式和行为及其结果正是父母所期望的。要使父母的外在要求和孩子的内在需求相契合，关键是要找到、找准孩子需要什么和不需要什么。这其中，前者尤其重要。

美国哥伦比亚大学心理系教授卡罗尔·德韦克（Carol Dweck）分析，学习动机来自两种目标：学习目标（learning goal）和表现目标（performance goal）。学习目标指的是从心里想让自己变得更棒，事情做得更好而产生学习动机；表现目标则是想让别人觉得自己很厉害，避免别人觉得自己没用而学习。

属于"学习目标导向"的人，对自己有兴趣的事物充满兴趣，他们会选择有挑战性的工作，并且主动想办法解决问题；属于"表现目标导向"的人，则很在乎别人怎么看自己，会努力求得好成绩。但是如果遇到自己做不好的事，就会拼命逃避，以免因为失败被别人瞧不起。

要学会设计问题，用问话的方式来和孩子沟通，尽量不要用命令和教训口吻。只有找到了孩子需要什么，才能从"表现目标"转为"学习目标"，沿着孩子自主行为的指向，就可以观察到他们的兴趣和动机。

对于孩子的个性或是共性的习惯、兴趣和动机，父母首先要保持应有的尊重，继而尽力去理解和包涵，对积极健康的给予欣赏和呵护，能为要教的东西找到"位置"，就能在知识和孩子的行为动机之间建立链接，就能变"要我学"为"我要学"，从而产生教育的"南风效应"。

39 遗忘曲线
怎样帮孩子安排复习时间

笔记最好下课之后才开始记，以强迫自己回忆课上讲过的东西；而不是在课堂上记，黑板上有什么抄什么。

亲爱的心理学家：

您好。我发现11岁的儿子视觉比较敏锐，看过的漫画能过目不忘，但是做功课时，对书上的文字却记得很差，要分段看三次，才能记住内容，而且过一段时间不复习，就基本上忘光了。他现时成绩处于中游，但我知道他已尽力，很怕他气馁放弃，应该怎么帮助他复习功课呢？

——一位家长

亲爱的朋友：

您好。对于孩子来说，图像记忆比文字记忆好是一个普遍的规律，并不是个别现象。也正因如此，学生课本才编得图文并茂，就是要通过图像来加强孩子的印象。

不过，无论是学校教育，还是家庭教育，孩子学到的知识，只是学习的开始。如果孩子在学习后，从来不去复习学过的内容，无论孩子的记忆力有多好，或是老师的水平有多高，学了也等于没学。

孩子要复习，首先要学会安排复习的顺序和时间。而要合理安排，就需要对记忆和遗忘规律有所了解。在这些规律当中，最重要也是应用最广泛的，当数艾滨浩斯遗忘曲线。

德国心理学家艾滨浩斯研究发现，遗忘在学习之后立即开始，而且遗忘的进程并不是均衡的。根据他的实验结果绘成的描述遗忘进程的曲线，就是"艾滨浩斯遗忘曲线"。

遗忘规律具体见表1和图1。

表1   **遗忘规律表**   单位：%

时间间隔	保持的百分比	遗忘的百分比
20 分钟	58	42
1 小时	44	56
8 小时	36	64
1 天	34	66
2 天	28	72
6 天	25	75
31 天	21	79

艾滨浩斯遗忘曲线告诉我们，遗忘的规律是先快后慢。中间间隔的时间越长，所忘的就越多，特别是识记后48小时左右，如果不经再记忆，遗忘率则高达72%，所以不能认为隔几小时与隔几天复习是一回事。

根据加州大学洛杉矶分校（UCLA）"学习和记忆实验室"的心理学教授罗伯特·比约克（Robert Bjork）的最新研究：如果学了之后，隔一段时间再学，这时候隔的时间越长，复习的时候你学到的东西就越多。

比约克表示："当我们从记忆中提取信息的时候，我们做的不只是说它在那里就行了。记忆不仅仅是回放。我们这次取出来的东西，下次要取的话，取起来就会变得更容易。我们每次取的过程越难、涉及的东西越多，整个记忆就越有效。"

所以，从学完到你开始复习的最佳时间，应该是你刚好要开始忘记的时

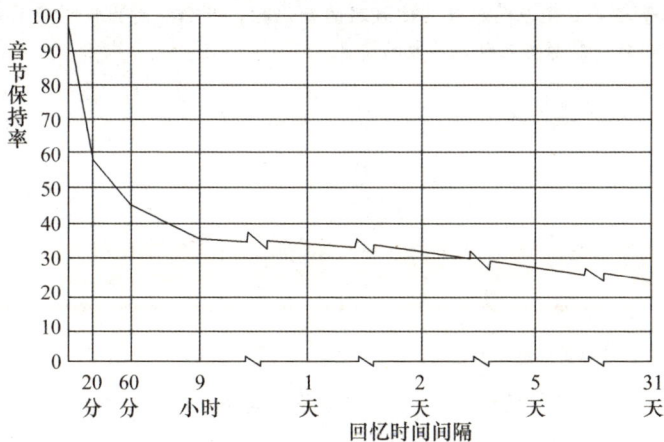

图1 遗忘曲线图

候。这样，越是拼命地回忆之前学过的东西，复习的效果就会越好。如果学完之后马上复习，就没有这个效果了。

　　根据这个研究，比约克建议说，笔记最好下课之后才开始记，以强迫自己回忆课上讲过的东西；而不是在课堂上记，黑板上有什么抄什么。必须下苦功才行，花的工夫越多，学到的就越多。

40 高原现象
孩子学习成绩为什么时好时坏

孩子在学习某一学科或其他领域的知识时，开始能看出较明显的效果，后来会出现继续努力却收效不大的情况。

亲爱的心理学家：

您好。我儿子是一名高一年级的学生，成绩一直不错，可到了高一年级，不知怎么回事，成绩波动很大。成绩好时，年级排名前十，成绩不好时，年级排到五六十名。老师给出的评语是：学生成绩波动较大，但期末考试保住了入学时的成绩，一年学习中有进有退。

对此，我和他都十分苦恼。看到身边不少家长找各种补习班，我也开始紧张地替他找补习班，担心他继续这样下去会输得很惨。

想请问一下，遇到这种情况该怎么办？

——为孩子成绩波动烦恼的家长

亲爱的朋友：

您好。孩子的成绩时好时坏，可能并不是孩子不努力，而是遇到了"高原现象"。

"高原现象"是一个比喻，它是指教育心理学中的动作技能学习曲线的呈现形态。如果以时间为X轴，以学习效果为Y轴，将学习者学习时所花的时间和取得的效果连成一条线（见图1）。

我们能从该线条中看出两点：

技能熟练程度

高原

练习时间

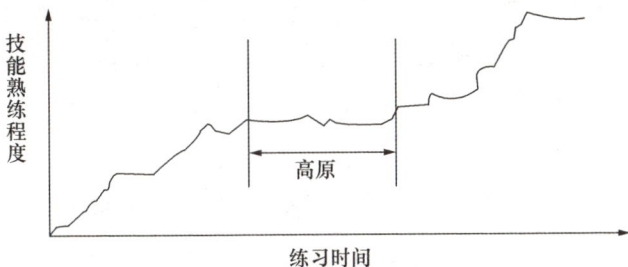

图1 "高原现象"图

第一，学习者所花的时间、精力与学习效果有关系，而且基本呈正相关关系。也就是说，花的时间和精力越多，学习效果就越好。

第二，很多时候，时间和学习效果之间，不会呈现规律变化。也就是说，学习者开始学习时，进步快、收效大，曲线斜率也较大，但紧接着会有一个明显的、长短不定的、接近水平的波浪线，再往后，又会出现斜率较大的曲线。

这条呈现学习效率与所花时间、精力之间关系的曲线，常被比喻为学习的"高原现象"，而中间呈相对水平状态的那段波浪线，常被比喻为学习的"高原时期"。

高原现象是客观存在的，但走出高原时期以后，孩子的学习效率和学习成绩还会提高，因此，高原现象并不意味着学习到了极限、成绩到了极限。

孩子在学习一个新领域的知识时，常常会经历四个阶段：①开始：学习了解新知识，因为一点儿也不懂，所以学习比较费力，进步慢，效率不高；②进步：初步掌握了学习规律和方法后，学习的兴趣逐渐浓厚，学习成绩也明显提高，信心开始足起来；③高原：学习进一步深入，遇到了学习难点，进步开始缓慢，即使费了较大工夫，成绩提高仍不明显，甚至停滞不前或倒退；④再进步：孩子坚持学习，不断努力，克服障碍，掌握新的学习规律和方法，成绩又会逐渐提高。这是一个螺旋上升的过程。

也就是说，孩子在学习某一学科或其他领域的知识时，开始能看出较明显的效果，后来会出现继续努力却收效不大的情况。学习成绩原地踏步，或者进步缓慢，甚至会出现一会儿退步、一会儿进步的情况，这是正常现象，在学习每一种新知识时都会发生，在各个年龄段的孩子身上都会出现。

这种现象和学习者的午龄、学习内容、心理品质等诸多因素都有关系，而且会循环出现。有时持续时间短，有时持续时间长。小学好些，初中次之，到了高中阶段，就比较明显。

克服"高原现象"，最核心的策略是要改进学习方法。

首先，要反思在学习中哪些习惯、哪些方法是有效的，是可以继续保持的；哪些习惯是有害的，必须克服和改进。比如，有的孩子不太愿意复习所学内容，遇到问题不是先独立思考而是急于问别人，对做过的练习不注意分析和总结，等等，这些做法都会影响学习。

其次，要放松心情，孩子要以平常心对待成绩的起起伏伏。如果因为精神紧张而休息不好，则精神无法集中，思维能力下降。长此以往，学习效率就会明显下降，"高原现象"就会持续较长的时间。

家长也不要过分紧张，不要因为怕打扰孩子而处处小心，这样会让孩子更压抑、紧张，不利于孩子情绪放松。

41 感官协同效应
怎样学习才能事半功倍

孩子在学习的时候，参与的感官越多，所得到的信息就越丰富，所掌握的知识也就越扎实。

亲爱的心理学家：

您好。我家孩子已经上小学了，可是在我教他读一些国学读物的时候，他经常是一边玩玩具或者看书，一边跟着我读，心不在焉的。指望孩子一本正经跟着读，似乎是不可能的事。我想请问，有什么办法才能提高孩子学习的效率呢？

——一位家长

亲爱的朋友：

您好。心不在焉肯定不是个好习惯，但它和一心二用不是一码事。

宋代的大学者朱熹曾经说："读书有三到，谓心到、眼到、口到。心不在此，则眼看不仔细，心眼既不专一，却只慢浪诵读，决不能记，记亦不能久也。"

这个方法被后人总结为"三到"读书法，现代心理学研究表明，这种方法实质上是利用了"感官协同效应"，也就是在学习时尽量多使用几种感官——用眼、用口又用手，它对学习是很有效的。

"感官协同效应"是指人们在收集信息的时候，参与的感官越多，所得到的信息就越丰富，所掌握的知识也就越扎实。也就是说，多种感觉器官一齐上阵，能够提高感知的效果。

美国心理学家格斯塔做过一个实验。他把智商相近的10个学生分为两组，让他们学习《圣经》的一些段落。不过，第一组所在的屋里只有5张椅子和5本《圣经》；第二组除5本《圣经》外，还有几本宗教故事画集，并播放宗教音乐。

然后，格斯塔要求两组被试者都背诵《圣经》，结果发现第二组成绩优于第一组。

研究发现，人的器官在获取知识时的识记比重是：视觉占83%，听觉占11%，嗅觉占3.5%，触觉占1.5%，味觉占1%。获取知识后的遗忘率是：只听不看的，三小时后为30%，三天后为90%；只看不听的，三小时后为28%，三天后为80%；边听边看的，三小时后为15%，三天后为35%。

由此，我们可以推算出有关器官对记忆的作用，随着时间的推移，口念的记忆在10%，耳听的记忆在20%，眼看的记忆在30%，耳、眼结合的记忆是50%，耳、眼、口结合的记忆是70%，眼、耳、口、手同时使用的记忆可达90%。

华盛顿大学的心理学教授维吉尼亚·贝尔宁格解释，手写不同于打字，因为人们必须一笔一画地写出字母，而不是简单地按着键盘敲出整个字母。手写时，手指运动刺激了大脑的大部分领域，包括控制思考、记忆和语言几个区域。手写帮助孩子学习单词及记住其形状，有利于他们思维的形成，并且有可能会发展他们小肌肉运动技能。

贝尔宁格研究发现，二年级、四年级以及六年级的孩子，与打字相比，他们手写记忆的单词量更大，学习速度更快，并能表达更复杂的思想。

由此可见，在学习过程中，各种有关器官协同作用，全力以赴去识记知识，就会获得大量和稳固的知识信息。如学习外语单词和陌生的汉字，听、说、读、写全面练习，看字形，听字音，动手写，动口念，还要用脑思考，即便时间长了某一联系中断，还可以通过其他联系将遗忘的知识寻找回来，可谓事半功倍。

在上面所描述的实验中，第二组学生使用了两种感官——视觉和听觉。眼睛看着，耳朵听着，就比单纯用眼睛看要学得更快。当今的视听教学，也是利用感官协同原理，把声音与画面、生动形象与情绪感染相结合，从而使孩子获得更好的学习效果。

总之，父母要让孩子明白，学习时只有耳朵、眼睛、嘴巴、手、心配合起来，才能产生事半功倍的学习效果。

Chapter 4

怎样说孩子才会听

42 K.I.C.K.原则
父母能厉声斥责孩子吗

在管教孩子的时候，务必要心平气和（Kind）、立即（Immediate）、一致（Consistent），然后又是心平气和（Kind）。

亲爱的心理学家：

您好，我有一个10来岁的儿子，做什么都慢腾腾的。每次回家看到他，我就忍不住想提醒他做事快一点。开始是好声好气的，可是他不听，于是忍不住就发脾气骂他了。

可是最近我发现，小时候骂一骂还有用，现在稍微大一点，学会耍脾气顶嘴，有时甚至干脆不理我。面对越来越大却越来越难教的孩子，我觉得很无奈，也很无力。本来在工作上压力就很大了，回到家又要生一肚子气。我很不明白，为什么孩子越来越不懂事了呢？

——一个遭遇孩子阻击的家长

亲爱的朋友：

厉声责骂孩子，看上去是一种"立竿见影"的措施，但其实并不那么有效，反而是一种南辕北辙的教育方式。

在心理学上，有一个有趣的实验。首先把孩子分成两组，每组都得到一个箱子。研究人员对一组孩子平静和蔼地说："箱子里的东西是不能摸的。"对另一组孩子则严厉地吓唬说："要是摸了箱子里的东西，我就会很生气并且惩罚你们！"然后不管他们，让孩子们自己玩。结果怎样呢？

结果，摸了箱子里东西的孩子，在两组中都差不多占到30%的比例。3个月后再进行相同的实验，就出现了完全不同的结果：在被吓唬的那组孩子中，有70%摸过了箱子里的东西，相反的，被和蔼告知的那组中，去摸箱子里东西的，还是只有30%。

由这个实验可见，严厉地强制孩子，对孩子不会有很好的教育效果。而低声沉稳的回应，反而比厉声责骂的教育效果更好。这虽然出乎很多父母的意料，但却是一条必须被记住的原则。

《圣经》上有这样一句话："沉稳的回答能够平抑疯狂的愤怒。"美国耶鲁大学的心理学家霍布兰德，曾经研究过最佳谈话方式的问题。结果表明：与雄辩型、演说型的谈话方式相比，沉稳型的谈话方式更能让对方达到更大程度的理解，说服效果更好。

在西方，有一套被称作K.I.C.K.管教原则，不妨在家庭教育中试一试，就是在管教孩子的时候，务必要心平气和（Kind）、立即（Immediate）、一致（Consistent），然后又是心平气和（Kind）。

之所以强调心平气和，是要让孩子知道，他不是因为大人的愤怒而受罚，而是因为违反了规则。惩罚一旦变成了大人情绪发泄的威严的展示，就失去了它本来的意义。

从教育效果上来看，在和孩子对话时，父母低声，很容易使得孩子心情平静，而父母高声斥责，也容易导致孩子情绪波动，高声抗拒。

美国某大学的语言研究班曾与美国海军合作，研究在军事行动中一项指令的下达应该以多大声音发出最合适。实验者通过电话、舰船上的传声管，向接收者发出各种分贝的声音，结果表明：发送者的声音越高，接收者回答的声音越高；发送者的声音越低，接收者回答的声音越低。

所以，我们在对孩子进行批评教育的时候，声音和语调不仅不要高，而且必须比平常说话声还要低。

首先，这种方式意味着父母能够突破孩子哭闹的感性围墙。可以先发制人，不让孩子使用高声调。生活中常看到的家长高声责骂孩子，孩子反抗的声音也不低，双方情绪越来越激动，最后惹得家长一肚子气，孩子也不服输。而使用低于平时的语调，可以让孩子感觉，这是一种不同寻常的严肃态度。

其次，低音调促使孩子集中精神、全神贯注，可以转移他的注意力、忘记自己的哭闹。父母低声讲话时，孩子必须集中精神才能听清，即使他在主观上并没打算认真听，但由于条件反射的听觉动作，他还是会不自觉地捕捉父母谈话的内容。

第三，使用较低的声音似乎在强调没有第三者介入，只是亲子之间的"私人声音"，拉近了与孩子的距离。若大声训斥，会一下子让孩子处于尴尬处境，即使有的孩子想承认错误，想放弃不恰当的行为，也没有台阶可下。所以家长越训斥，孩子越会坚持自己的要求。

在名著《卡尔·威特的教育》一书中，卡尔·威特(Karl Witte)记录了自己的一次经历。

在一次散步的过程中，邻居史密斯太太发现女儿的裙子被弄脏了，她立刻生气起来，开始冲着女儿大声责骂。看见女儿大哭以后，她又马上给了女儿一小块点心。我问史密斯太太："您为什么要责骂女儿呢?"

"她总是这样经常弄脏自己的裙子。"史密斯太太这样回答。

"可是，您为什么又给了她一块点心呢? 是为了表扬她的行为还是为了给她受责骂的补偿?"

可以说，在这个过程中，女儿完全糊涂了，她既不知道为什么母亲会责骂她，更不知道挨骂之后为什么很快又得到了点心。

综上所述，"有理不在声高"，K.I.C.K.原则是家庭教育中一种艺术化的方式。要想使孩子接受你的意见，就要学会克制情绪，把沟通的音调降得比平时还低，理智地与孩子沟通。

43 自己人效应
孩子不愿意沟通怎么办

只有拉近与孩子的心理距离，孩子才会消除心理压力，不会对父母存有戒心。

亲爱的心理学家：

您好。我儿子8岁了，每次放学回家，我都会问他在校所学的内容，比如"今天学了些什么？"、"上课上哪些内容？"、"中午饭吃了什么？"、"有没有听老师的话？"等等，但是每天他都不痛快地回答，就算你再三问他，他也不说，像猜谜语一样，猜对了就点点头。

可是他和那些同学打起电话来，经常是滔滔不绝说这说那，为什么跟我说话就这么费劲呢？这个问题应该怎么办？

——为与孩子沟通而无奈的家长

亲爱的朋友：

您好。既然孩子喜欢跟同学说话，明显不是孩子的沟通能力出了问题。那他为什么就不愿意和你沟通呢？

在回答这个问题之前，我想请你回答一个问题："你今天上班具体都做了一些什么？"

如果你没有办法回答出来的话，那么孩子也无法回答"今天你到底学了什么"也是很正常的。而且，他和你一样，对类似的问题是很反感甚至抗拒。那么，我们怎样才能让孩子敞开心扉，与我们顺畅地沟通呢？

让我们比较下面两种说法：

第一种——

"赶快去做作业！"

"你难道不知道老师为什么批评你吗？"

"算你说对了，你也就这么一点儿小聪明！"

第二种——

"做作业真是很辛苦啊！"

"被老师批评，一定觉得很难过喔？"

"原来是这样，我们想到一起了！"

孩子在这两种说法面前分别会有什么样的反应呢？对于任何孩子来说，只要听到父母说出第二种说话，一定会感受到"原来妈妈也和我有同样的感受"、"原来爸爸也可以理解我的心情"、"爸爸（妈妈）还是最爱护我的"。进而，他们会感受到被关爱的感觉，敞开心房与父母交流。

其实，与孩子产生共鸣很简单，有时候只需要一句"原来如此"就可以了。

在家庭教育中，很多父母抱怨说自己的苦口婆心不被孩子理解。其中的原因，只在干这种苦口婆心没有把孩子与自己视为一体。只有拉近与孩子的心理距离，孩子才会消除心理压力，不会对父母存有戒心。为了达到这个目标，我们就需要利用心理学上的"自己人效应"。

这个理论是由社会心理学家G.L.克劳尔和D.A.伯恩于1974年提出的：相似的人由于肯定了对方的信念、价值观、人格品质，因此，起着正强化的作用。反之，则起着负强化的作用。这种正负强化作用通过条件反射与具有这些特点的人联系起来，结果就造成了人们喜欢相似的人，不喜欢不相似的人。

他们进行了一个实验，证实了这一点。

那时候年轻人的穿着主要有两种类型：要么像嬉皮士，要么不像嬉皮士。实验者分别穿着两种类型的衣服，到校园里向大学生们要一毛钱打电话。

当实验者的穿着与被问到的学生是同一种风格时，在多于2/3的情况下都得到了这一毛钱。但是，当实验者的穿着风格与被问到的学生不一样时，只在不到一半的情况下得到了这一毛钱。

另一个实验则表明，人们对"自己人"的正面反应，几乎是不假思索的。他们发现，参加反战游行的人，更可能在一个穿着类似的人的请愿书上签名。不仅如此，他们签名的时候甚至都懒得读一下请愿书。

活用"自己人"效应，也就是让孩子把你与他归于同一类型的人。如果父母和孩子关系良好，孩子就更容易接受父母的观点、立场，甚至对一些批评也不容易抗拒。

看到一则故事。在商场儿童玩具专卖柜前，一个孩子坐在地上，尖叫："我要电话机，我要那个电话机。"

他这么撒泼地一嚷，周围人的目光都聚了过来。只见他的妈妈平静地说："贝基，你最好给我起来，我数一……二……三。"

孩子看了看妈妈，继续嚷着。这时，妈妈一屁股坐到他旁边。像他那样踢着脚："我要一部车，我要房子，还有珠宝。我还要……"

孩子立刻站起来，他眼泪汪汪地求妈妈起来。周围愣住的人，开始噼里啪啦地鼓掌并小声地夸赞："这真是个聪明的妈妈。"

由于代沟的关系，有时让孩子把你当成"自己人"会有些困难。因为代沟会导致语言障碍的出现，这种障碍会阻碍父母与孩子的有效交流。在具体的做法上，有以下几个方面值得尝试。

第一，主动理解孩子的见解，哪怕它有些荒谬。

孩子有自己对人对事的见解，有他们喜欢的生活方式，有他们自己的兴趣爱好，比如孩子喜欢某位歌星或演员，兴致勃勃地向你讲述偶像的新闻，你就不要以自己的眼光和主观见解去说"真不明白你为什么这样迷他，我觉得他没什么优点"，你这样说只会让孩子觉得"父母既然不明白我，那么再说下去也没有意义"，从此便不再与父母说他的偶像，转而去寻找与他有共同话题的朋友。

第二，像孩子那样思考问题。

对大多数父母来说，这件事其实相当容易，因为每个人都曾经是孩子。当父母试着用适合孩子年龄的语言来解释一些事情的时候，他也就把自己放到儿子或者女儿的位置上，并找到了最好的交流语言。最好的练习方法，就是听听你的孩子平时怎么说，然后使用他们的词汇。如果你练习得够多，使用适合孩子年龄的话，最终会变成你和他的交流习惯。

第三，父母可以尝试读孩子们读的书，看孩子们爱看的电影，也就是跟孩子的业余爱好和兴趣同步。

这其实也是通过介入孩子的成长环境，来拉近与他们的距离。你可以自问：孩子喜欢读哪种类型的书？他喜欢看哪种类型的电影？记住，为了孩子，看这些似乎很幼稚但是却有助于交流的东西并没有什么羞耻。

第四，与孩子视线平齐进行交流。

传统观念里，很多父母都觉得自己是长辈，应该高高在上，正是这种想法造成了和孩子之间的"代沟"。因此，要想改变这种局面，就要抛弃那种居高临下的姿态，蹲下或坐下，水平地面对孩子的视线，缩短和孩子之间的心理距离。同时，避免用命令、训导式的语气和孩子讲话。

44 超限逆反
为什么孩子听不进我的话

人天生要追求多样和丰富，呆板单一的方式容易使人产生厌恶和反感情绪。当信号刺激达到一定程度，超过人的心理承受能力时，人就会产生逆反和抗拒。

> 亲爱的心理学家：
>
> 您好。我是一名母亲，孩子正上中学。几乎每过一段时间，我就给他讲一些做人的道理。一开始他还听得进去，可是时间久了，不管我怎么苦口婆心，收效却不大，有时甚至表现出不耐烦的情绪。
>
> 请问他为什么会有这种心理？是我的教育方法有问题，还是现在的孩子已经"刀枪不入"了呢？
>
> ——一个难以说服孩子的妈妈

亲爱的朋友：

看了你的讲述，我不禁哑然失笑，先给你讲个故事吧——

有一次，著名作家马克·吐温（Mark Twain）在教堂听牧师演讲。最初，他觉得牧师讲得很好，使人感动，就准备捐款，并掏出自己所有的钱。又过了10分钟，牧师还没有讲完，他就有些不耐烦了，决定只捐一些零钱。又过了10分钟，牧师还没有讲完，他于是决定一分钱也不捐。

牧师终于结束了冗长的演讲，开始募捐了。马克·吐温出于气愤，不仅未捐钱，还从盘子里偷了2元钱。

没有"刀枪不入"的孩子，只有武艺不精、招数贫乏的讲者。牧师失败的原因和你一样，都是没有注意到听众的心理饱和。

"饱和"一词是个化学术语，把盐往水里扔，当盐不再溶解时，就叫做饱和。心理饱和，则是指心理的承受力到了极限，再刺激下去会引发抗拒和逃避，也称为超限逆反。

这是人出于自然本能的一种自我保护，其实是一个十分易懂的常识：任何人接受某种刺激（即使是愉快的刺激），都是有一定限度的，哪怕再美味的东西，吃多了也会撑得难受，再吃就会呕吐。古希腊哲学家德谟克利特说过："当人过度的时候，最适意的东西也会变成最不适意的东西。"

心理学家做过这样一个试验，在一个公共场所摆放纸和笔，如果有人能一口气把数字从1写到300，不写错也不涂改，则奖励50元。尝试的人不少，但最终没有一个人能领到50元。

心理学家认为，参加者之所以失败，是因为长时间紧张地做同样的一件

事，心理产生了饱和，进入一种非常厌烦的状态，不想或不能继续某项任务。

一般而言，反复虽是增强教育效果的手段，但强度过大，刺激时间过长，却容易引起反应性质的变化。因为人天生追求多样和丰富，呆板单一的方式容易使人产生厌恶和反感情绪。当信号刺激达到一定程度，超过人的心理承受能力时，人就会产生逆反和抗拒。

一个孩子的妈妈是护士。有一天，妈妈叫他去洗手，小孩悲悲切切地哭了起来。做牧师的爸爸走过来问："饭前要洗手，有什么好哭的？"

小孩伤心地说："你们大人总是说我看不见的东西，妈妈每天都说'细菌'，爸爸每天都说'上帝'。"

早在400多年前，王阳明就如何教育孩子说："若些小萌芽，有一桶水在，尽要倾上，便浸坏他了。"对孩子过度教育，就像用一桶水全倒在刚破土而出的小嫩芽上，不仅不能促使他生长，反而一定会把它淹死。

对于孩子，如果你每次都是用同一方式"浇灌"他，老是用"三板斧"敲打他，他一定会认为就是啰嗦。他对你的一言一行都了如指掌，甚至你说上句他就能接出下句，自然会产生厌烦，出现"虚心接受，坚决不改"的现象。

当然，我们也要正确看待孩子的心理饱和现象，一方面理解他们，另一方面也要教孩子学会自我控制和调节，共同建立一种张弛有度的节奏。这也是对孩子进行心理疏导的一种方式。

那么，具体应该怎样做呢？你可以试一试下面的几种方法：

首先，在教育的内容上尽量丰富，可以运用多媒体，比如动画、图片、音乐等，注意孩子的情绪和反应，避免"死板"和"老套"的教育模式。所谓"随风潜入夜，润物细无声"，不经意处见匠心，自然能够让孩子感受到你的关注与鼓励。

其次，如果你平时习惯了喋喋不休地对孩子说话，那么适当地试试无声的技巧。沟通中并不是必须有声才能进行，有时无声的静场反而会产生意想不到的奇效。

一个学生常常缺课去打康乐球，有人把状告到了校长那儿。于是，这位校长就跑到康乐球的摊头，果然找到了他。于是就默默地站在他的背后。那学生过了好半天才发现校长在身后严肃地看他，一言不发。他脸一红，放下球棒，背起书包，一声不吭地跟着校长回到了学校。到校后，校长只用手朝教室一指，他便进教室上课去了。

这位学生现在已工作多年，可是他对这件事总忘不了。他说："如果校长当时骂我一顿，我也许早忘记了。校长越是沉默，我就越是自己想得多，倒是此时无声胜有声啊！"

无声的氛围一方面能使周围的气氛变得敏感起来，使得对方处于高度的注意状态，思维变得特别敏锐，对我们所要表达的东西也容易理解；同时也会造成一种无形的压力，使对方产生一种期待，期待我们打破这种压力。

由此可见，话说得多并不意味着作用大，无声也并不意味着无效。效果如何主要看使用者，若用得恰如其分，就可能产生无声胜有声的效果。

45 欧弗斯托原则

怎样有效地说服孩子

说服孩子的时候，开头就让他不反对，是实在要紧不过的事。

亲爱的心理学家：

您好。我10岁半的女儿从小喜欢粉红色和花的图案，又喜爱公主娃娃，但是最近不知为什么，忽然只肯穿灰、黑、白色的衣服，又要求重新装修自己的房间。但是，一来我们没有装修的计划，二来这房间的风格当初也是她自选的。我觉得她的要求不合理，但刚刚一批评她，她就开始闹情绪。我想请教一下，应该怎样说服她才好呢？

——一位家长

亲爱的朋友：

您好。对于女儿忽然在喜好上改弦易辙，您应该尽量避免以强硬方式回应她，而要先心平气和地了解她为什么不再喜爱粉红色和花图案，让她说出自己的感受。

一定要用心来与孩子沟通，那些在你看来是芝麻大的事情，在她看来却可能是很大的事。所以，我们要首先掌握这种变化的始末缘由，和她一起来分析，然后想出不同的解决方法。在这个过程中，您也可以向学校老师了解一下她在学校的情况，看看有没有东西影响她的心情变化，以便帮助她解决问题。

在这方面，你可以试一试"欧弗斯托原则"。

这个原则是英国心理学家欧弗斯托提出的，是指说服一个人的时候，开头就让他不反对，是实在要紧不过的事。

首先，要想让孩子开头就不会反对，就要多听少说，了解孩子的真实想法。

如果你的孩子喜欢和大人对着干，那么在说服他的时候，不妨先听他把话说完，然后你再发表自己的看法。在听的过程中，可以猜测一下孩子可能反对的动机。

如果你的猜测正确，孩子会觉得获得了你的认同和理解，他们会讲出自己心里的想法；如果你的猜测不正确，那么可以再运用5W1H的开放式提问方式，顺着对方思路找答案，再顺势提出封闭式问句的提议。

比如父亲问孩子："最近你是不是经常上网？"那么孩子的回答很可能是"是"或"不是"。如果父母问孩子："儿子，最近网上有什么新鲜事？"那么孩子很可能会滔滔不绝地讲起来。透过开放式问题扩展思考广度，再用封闭式问题引诱出赞同的决定："以后你有什么好的网站告诉我们，我们也告诉你好的网站，互通有无，好不好？"

其次，只要有可能，就多给孩子一些选择。以选择题代替是非题的做法，是非常高明的沟通方式。因为它会减少正面的言语冲突，并通过把决定权交给对方的方式，让孩子觉得受到尊重，因而会愿意做出配合的决定。

不要问："你要不要做作业"，应该问"你是想现在做还是过5分钟做？""你是先做语文还是先做数学？"不要问对方想不想做、有没有时间或者做不做，问孩子想不想做，你会得到两个答案：想或不想；要给他一个机会选择。

著有《说服的技术》《超强提问力》等书的日本律师谷源诚表示，一般人通常会以"要不要……"的问法提出要求，让对方只有两种选择，被直接回绝的几率当然很高。

因此，要说服对方，必须懂得利用各种问题探询对方意愿、引导对方思路，或许就能让对方无法说"不"。我们可以借用谷源诚推荐的4种"问题说服法"，透过提问引导孩子，让说服力大大提升。

父母的提议会被孩子拒绝，常是因为双方想法没有交集，只要透过一些引导问题，激发孩子自行想象的空间，就能找出可能存在的交集，达成一致的共识。

母亲："你最近在看什么课外书啊?"

儿子："漫画和推理小说……"

母亲："我给你买一本《西游记》，你要不要看?"

儿子："不想看! "

母亲和儿子的想法没有交集，当然会说服失败。

如果学会了引导式提问，结果就完全不同了。

母亲："你还记周星驰演孙悟空的那个片子吗?"

儿子："你是说《大话西游》吧? 很有意思啊。"

母亲："其实电影选的只是唐僧取经的一段，还有很多更有趣的经历，都在《西游记》里。"

儿子："好啊。你给我买一本吧!"

这就是通过诱导对方的思路，让其自行引发联想，创造双方想法的交集与兴趣，不经意间达成说服的目的。

当然，这个办法必须有适当的使用时间，要讲究运用的策略。如果孩子正在津津有味地看电视，你突然问他打算什么时候写作业，自然会碰一鼻子灰，所以使用二选一的法则是要讲究时机和顺序的。

46 赫洛克效应
表扬和批评哪个更管用

及时对孩子的学习结果进行评价，能促进孩子的学习动机。适当表扬的效果明显比批评好，而批评比不予任何评价要好。

亲爱的心理学家：

您好。我几年前看过一本书，说是要"竖起大拇指"，对孩子进行赞赏教育。可是前不久，我看了网上介绍美国耶鲁大学法学教授、自称"虎妈"的蔡美儿（Amy Chua）教育孩子的一篇文章，并把她的教育方式称为"惩罚式教养"。

这种育儿方式包括骂女儿垃圾、要求每科成绩拿A、不准看电视、琴练不好就不准吃饭等。据说她还写了一本书，叫《我在美国做妈妈：耶鲁法学院教授的育儿经》。

眼见自己的孩子快上小学了，希望您能在这方面给予指导。

——一个左右为难的父亲

亲爱的朋友：

在生活中，"虎妈"的方式确实是不少家庭的家教方法之一，甚至被当成最直接有效的办法。更何况，还有"耶鲁"、"哈佛"之类的光环罩着，更让一些父母趋之若鹜，似乎不如此就对不起孩子似的。

研究证明，只有当孩子尊重其父母的权威，他们的行为就会更好。而专制型父母虽然看似在孩子面前也有权威，但是这种权威并不是建立在尊重的基础上的。请记住德国心理学家黑尔加·吉尔特勒的告诫："如果您放弃权力，放弃您的优越感，那么您得到孩子的信任和尊敬的机会就更大。"

"惩罚式"教育，不仅不会得到孩子的尊重，更会严重打击孩子的自信心，影响他对自己的认识，很可能教出问题孩子。

有这样一个故事，说是一个小孩坐在路边的树上，向行人扔石子。

第一天，他扔到农民的头上，农民无奈地摇了摇头，躲开了。第二天，他扔到了秀才头上，秀才笑着对小孩说："这小孩，真机灵啊，来，给你几颗糖吃。"说着，从怀里拿出糖来奖赏孩子。

第三天，来了一个武士。孩子的石子再次扔出，打到了武士头上。武士一怒之下，拔出刀把孩子杀了。

看了上面这个故事，我们或许会说武士太残暴而秀才太缺德。可是在生活中，有不少家长却像武士或秀才那样对待自己的孩子。我说的不是引诱和杀掉孩子，而是对孩子行为的评价方式。

古代的哲人荀子说：不教而诛，则刑繁而邪不胜；教而不诛，则奸民不惩。诛而不赏，则勤励之民不劝；诛赏而不类，则下疑、俗俭而百姓不一。

如果我们把这句话的对象换成孩子，那么就几乎是一篇赏罚经典：如果不加以反馈和教育就进行惩罚，那么就会罚不胜罚，孩子的坏习惯仍然不能克服；只说服教育而不进行惩罚，那么孩子就不会受到警告而吸取教训；只进行惩罚而不实行奖赏，那么孩子的好习惯就不能受到鼓励；惩罚奖赏如果没有原则，那么孩子就会无所适从。

表扬激励和惩罚批评，都有其合理之处。表扬是正面激励，批评是负面激励。"惩罚式教养"认为，只有不断指出孩子的缺点，才能促进孩子全面发展。但这是一种消极的"强化"，使用过多会使孩子产生焦虑、自卑，学习兴趣降低、逃避以至完全丧失信心。

心理学家赫洛克（E. B. Hurlook）曾于1925年做过一个实验，他把106名四、五年级的学生分为四个组，各组内的能力相当，在四种不同的情况下进行难度相等的加法练习，每天15分钟，练习5天。

控制组单独练习，不给任何评定，而且与其他三个组学生隔离。受表扬组、受训斥组和静听组在一起练习，每次练习之后，不管成绩如何，受表扬组始终受到表扬和鼓励，受训斥组则受到批评和指责，静听组则不给予任何评定，只静听其他两组受到表扬或批评。然后探讨不同的奖惩后果对学习成绩的影响。

结果如图1所示。

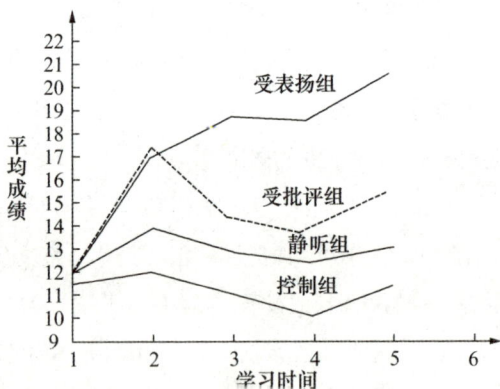

图1　不同实验组的平均成绩与学习时间关系对比

从学习的平均成绩来看，三个实验组的成绩优于控制组，这是因为控制组未受到任何信息作用。静听组虽然未受到直接的评定，但与受表扬组和受训斥组在一起，受到间接的评定，所以对动机的唤醒程度较低，平均成绩劣于受训斥组。受表扬组的成绩优于其他组，而且不断地直线上升。

这表明，对学习结果进行评价，能激发学生的学习动机，对学习有促进作用；适当表扬的效果优于批评。古人说的"数子十过，不如奖子一功"，说的就是这个道理。

每个孩子都有潜力取得非凡的成就，而他能否成功，也许就取决于你能不能像对待非凡的天才一样激励和期望他，以及他如何来看待这种期望和赞美。

根据美国的一项调查，一个孩子平均要听到6句责骂后，才能听到一句表扬的话。然而心理学的研究结果表明，这个比例要反过来，使奖励与惩罚的比例为5：1，效果最好。

教有定理，但教无定式。如果父母的"大拇指"得到了孩子的尊重和信任，孩子一定会比你期望的更加优秀。

47 罗森塔尔效应
怎样用期望改变孩子

更积极的期望和赞扬，一旦通过情感、语言和行为传染给孩子，可以使他们在各方面取得异乎寻常的进步。

亲爱的心理学家：

您好。我想说一下发生在我儿子身上的事情。有一天，上四年级的儿子放学回来，进门就问："妈妈，什么是创造性呀？今天数学课发单元卷，最后一题是加分题，加10分，别人都不会，只有我一个人做对了。老师表扬了我，说我做的题具有创造性。"

"你考了多少分？"我问。

儿子满怀喜悦地回答："66分。"

"不算加分题，你才考56分呀，还创造什么呢，瞎猫碰到死耗子，蒙对啦。"

这下儿子可急了，红着脸嚷起来："不是蒙对的，老师都说我做的题具有创造性。"

自从数学老师表扬了他一句之后，他似乎想创造出什么，总是找一些难题做。仅仅半个学期，期末考试时他从一个差等生变成了第四名，从此成了数学尖子。

我想请问一下，老师的一句话为什么会有这么大的作用？

——一位惊讶的家长

亲爱的朋友：

您好。从这封信里，我看到了一颗盼望得到认可和欣赏的童心。他是多么的幸运：在您那儿没有得到的东西，数学老师无意中给了他。

1966年，几位神秘的客人来到美国一所乡村小学。他们从小学一年级到六年级共选了18个班，对班里的学生进行了"未来发展趋势测验"。

之后，他们以赞赏的口吻将一份占总人数20%的"最有发展前途者"的名单交给了校长和任课老师，并叮嘱他们一定要保密，否则会影响实验的正确性。

8个月后，他们再次来到这所小学，对那18个班的学生进行复试。结果奇迹出现了：凡是上了名单的学生，个个成绩都有了较大的进步，而且活泼开朗，自信心强，求知欲旺盛，更乐于和别人打交道。

这些神奇的预言家，就是美国著名心理学家罗森塔尔的研究团队。最神奇的并不是他的预见力，而是那份名单上的学生，其实是从参加测试的学生中随机挑出来的，与其他学生并没有什么显著不同。

但预言为什么应验了呢？或者说这些学生为什么真的比其他人变得更优秀了呢？

罗森塔尔认为，原因就在于，在这8个月中，老师们对那些"有潜力"的学生另眼相看，在日常给予了更积极的期望和赞扬。这一心理活动通过情感、语言和行为传染给了学生，使学生强烈地感受到来自老师的热爱和期望，从而使各方面得到了异乎寻常的进步。

在心理学上，人们把这种由于信任和期望，使人们的行为发生与期望趋于一致的变化的情况，称之为"罗森塔尔效应"或"期望效应"。

这一效应的产生机制，是"憧憬——期待——行动——感应——接受——外化"：期待者对期待对象产生美好的憧憬，并出现具体的期待结果，还要为这种期待付出具体的努力实践，如给予积极的评价、肯定、表扬、帮助、指导等行动，使被期待者感受到期待者对自己的特殊关怀和鼓励，并从内心上接受期待者的种种爱心和帮助，以致做出相应的努力，把内在的潜能激发出来，达到了期待者所期望的结果。

此后，克雷纳等学者于1978年对4300名儿童进行了4年的纵向研究，并进行了一系列相关分析，也证明教师的期望会明显提高学生的成绩。

在美国纽约布鲁克林区的Bedford-Stuyvesant贫民社区，有一所名为"卓越"的特许学校，那里的220个孩子全都是男孩，且大部分是黑人。由于家境贫寒，超过一半学生享受免费或政府补贴的学校午餐。

在这里，孩子们的称呼不是"学生"，而被称为"学者"。每间教室外都钉有一张铭牌，上面刻有老师的母校名称和一个年份数字，比如说2024。这个数字的意思是，这个班的孩子们2024年将从大学毕业。

学校成立3年来，没有辜负它的名字：在年度纽约市英语语言考试中，该

期望效应使孩子们在心理上体验到了一种成功感，由此带来了自信心的增强

校92%的三年级学者拿到了"良"或"优"的成绩。而全纽约州达到这一成绩的平均比例（四年级）是68%，而纽约市仅有62%。在数学方面，"卓越"学校的成绩还要更好。

包括孩子在内，每个人都需要成就感，都希望自己的行为能够得到别人的尊重和赏识。台湾作家三毛写过一篇散文《一生的战役》，其中说："我一生的悲哀，并不是要赚得全世界，而是要请你欣赏我。"

这个"你"，是她的父亲。

有一天，父亲读了三毛一篇文章，给她留条："深为感动，深为有这样一枝小草而骄傲。"三毛看到后，"眼泪夺眶而出"。对于这件事，三毛写道："等你这一句话，等了一生一世，只等你——我的父亲，亲口说出来，肯定了我在这个家庭里一辈子消除不掉的自卑和心虚。"

期望效应正是迎合了孩子们的这种心理需要，使他们在心理上体验到一种成功感，以及由此带来的自信心的增强。这种积极的心理"强化"，对于孩子来说是十分重要的。

48 阿伦森效应
应该怎样批评孩子

对孩子只是褒扬或者先褒后贬，都会显得虚伪而没有说服力；而先贬后褒的策略，则会显得客观与有诚意。

亲爱的心理学家：

　　您好。我有一个上小学的儿子，时不时地会闯祸。现在不是流行赏识教育么，我也尝试着用先褒后贬的批评技巧，比如说"你今天表现很好，但是……"刚开始一段时间还挺奏效，但没过多久，他又开始犯老毛病了，赏识教育似乎作用不大，这到底是怎么回事呢？

　　　　　　　　　　　　　　　　　　　——一个为教育孩子而头痛的父亲

亲爱的朋友：

　　您好。你是一个细心的父亲，很善于思考。对于褒与贬在孩子心理上的不同反应，确实已经有不少人研究过。这种在日常生活中的细微现象，其实反映了一个十分严肃的心理定律：阿伦森效应。

　　这个效应得名于美国心理学家埃里奥特·阿伦森（Elliot Aronson）曾经组织的一个实验。

　　在这个实验中，他找到80名大学生，将他们分成四组，每组都有七次机会听到某一同学（心理学家预先安排的）谈起对他们的评价。

　　评价方式是：第一组为贬抑组，即七次评价只说被试者的缺点不说优点；第二组为褒扬组，即七次评价只说被试者的优点不说缺点；第三组为先贬后褒组，即前四次评价专门说被试者的缺点，后三次评价则专门说被试者的优点；第四组为先褒后贬组，即前四次评价专门说被试者的优点，后三次评价则专门说被试者的缺点。

当四组都听完该同学对自己的评价后，心理学家要求他们各自说出对该同学的喜欢程度。结果出乎意料，最喜欢该同学的竟是先贬后褒组，而不是褒扬组。

心理学家的结论是：人们最喜欢那些对自己的正面反应显得不断增加的人，而最不喜欢那些对自己的正面评价不断减少的人。至于原因，心理学家认为，如果只是褒扬或先褒后贬，均显得虚伪，而先贬后褒则显得客观与有诚心。

旅美华人作家刘墉讲过一个小故事。小时候到店里买糖，孩子们总喜欢找同一个店员，因为别的店员都先抓一大把，拿去称，再一颗一颗往回扣。而那个比较可爱的店员，则每次都抓不足重量，然后一颗一颗往上加。

虽然孩子们最后拿到的糖没什么差异，但他们却喜欢后者，是因为后者创造出一种对糖果的渴望或者说饥饿感，并通过添加适当地满足了这种感觉。

在阿伦森效应中，我们对别人的正面评价，其实就相当于糖块。而在下面这个故事里，陶行知先生真的就是用糖块来批评学生的。

陶行知先生担任小学校长的时候，有一日看到一名叫王友的男生正在用泥块砸班上的学生，当即制止了他，并要他放学后到校长室去。

放学后，王友已经等在校长室准备挨训了，陶行知却掏出一块糖果送给他，并说："这是奖给你的，因为你按时来到这里，而我却迟到了。"王友惊异地接过糖果。随后陶行知又掏出一块糖果放在他手上，说："这块糖果也是奖给你的，因为当我不让你再打人时，你立即就住手了，这说明你很尊重我。"王友更惊异了，眼睛睁得大大的。

每次抓不足量的糖，再一颗一颗往上加，能创造出一种对糖果的渴望

陶行知又掏出第三块糖果塞到王友手里，说："我调查过了，你用泥块砸那些男生，是因为他们不遵守游戏规则，欺负女生。你砸他们，说明你很正直善良，有跟坏人作斗争的勇气。"

王友感动极了，他流着泪后悔地说："陶……校长，你打我两下吧！我错了，我砸的不是坏人，而是自己的同学呀！"

陶行知满意地笑了，说："你能正确地认识自己的错误，我再奖给你一块糖果，可惜我只有这一块糖了，我的糖也奖完了，我看我们的谈话也该完了吧。"

怀揣着糖果离开校长室的王友，此后学习认真，再也没有在学校发生过打架的事情。

对世界尚无全面了解的孩子来说，还没有非常明确的是非判断能力。对于一些不是十分明确的事情，无论你采用先褒后贬还是先贬后褒，一个"但

是"的转折，都可能给他们留下模棱两可的印象，对你的诚意产生怀疑，同时又因为没有明确指令性，不能引起其重视。

对孩子来说，错误产生的过程也就是学习的过程，要采取宽容的态度。但宽容不是纵容，进行批评时一定要就事论事，采取或心理暗示等方法提醒孩子，切不可不论青红皂白一通粗暴指责。

有时孩子根本意识不到自己已犯错，这时责备他们不会有任何作用。在这种时候，批评时要心平气和，重在讲清道理；有些很明显的错误，孩子自己也会意识到。对于这些错误，可以暂时搁置，给孩子留出自省的空间。

一种行之有效的批评方式，是让孩子知道他们的错误对别人的影响。这样做，能激发他们的同情心而不是反抗或怨恨。

不管怎样，在通过批评确立规矩和准则的同时，都必须让孩子意识到：家始终是充满爱、充满鼓励、充满情感和信任的地方。只有这样，才能让孩子更平静地接受批评。

49 火炉法则
应该怎样管教任性的孩子

如果孩子在生活中违了规，就应像碰触到了烧红的火炉，一定会受到惩罚。

亲爱的心理学家：

　　您好。我家宝宝现在7岁多，经常不听话，老是和我对着干，特别倔，而且软硬不吃。吃饭从不按时就餐，我们吃饭时，她准是在一旁玩个不停，且要人陪在身边，如果硬劝阻，就会哭闹不止。

　　我有时候脾气一上来就会揍她，打了她，她也坚持不去做。我要请教和她沟通并让她配合的方法。我并不让她一定要做个乖乖女，但至少不要这么任性，她应该做的和能做的事情自己会去做。

——一个伤透脑筋的父亲

亲爱的朋友：

　　来信中所说的任性，可以说是现代孩子的通病。但另一方面，任性也是孩子个性发展的一个过程。对任何事情都说"不"，是许多2~3岁的孩子的自然表现，我们应该理解。有时孩子的任性只是因为理解问题，并没有与大人作对的意图，这时候要运用最大限度的判断力，来决定哪种行为是任性固执的有意伤害，哪种行为是自然行为。

　　如果到了上学的年龄还任性，就是一件棘手的事情了。从心理学角度来看，学龄儿童任性，是个性偏执、意志薄弱和缺乏自我约束能力的表现，如果得不到纠正，会导致无法正确认识和判断事物，难以适应环境，不被别人接受而陷入孤独，经不起生活的考验和挫折。

但孩子的任性心理不是天生的，而是家长不加约束放纵教育的结果。法国教育家卢梭在《爱弥儿》中指出："知道用什么办法能使你的孩子得到痛苦吗？这个方法就是：百依百顺。"这话很值得我们反思！

所以，纠正问题的第一步，就是承认我们的培养方法可能是使孩子任性的原因。只有改变它们，才能帮助孩子行为得体。

在一个故事中，儿子问父亲："我长到什么时候才可以随心所欲呀？"

父亲的回答很巧妙："我不知道。不过，孩子，世上还没有人能活那么长。"

没有人能够活到随心所欲的年龄，即使是圣人孔子到了70岁，也要在"从心所欲"的后面加上"不逾矩"，也就是不违反规则。所以要建立适当的规则让他遵守。

有句俗话说："没有规矩，不成方圆。"规则能让孩子知道具体应该怎么做，它是孩子未来行为模式的基础，所以要制定清楚的规则和惩罚细则，如果不守规矩，必须接受惩罚。一旦规则严格确立，大多数孩子会遵守。

制定规则的目的，是希望培育出一个快乐、适应性强和尊重规则的孩子。最初的规则应该是阻止孩子伤害他自己和别人，教孩子明白最基本的对错。

让孩子知道你对他的期待，而且他的表现达不到期望时会有惩罚，是一件好事。根据专家观察，孩子们经常操练自律——换句话说，那些对自己的表现不满意的孩子——在学习上能取得更好的成绩。

当孩子能识字后，可以把规则写在纸上并贴在家里，这是让孩子明白，规则不仅仅是一种制度，而且是体现公平、合理的好方式。

在西方管理学中有一个"热炉法则"，可以应用到家庭教育中：如果孩子在生活中违了规，就应像碰触到了烧红的火炉，一定会受到惩罚。

这种处罚的特点在于：（1）即刻性：当人一碰到火炉时，立即就会被烫。（2）预先示警性：火炉是烧红摆在那里的，每个人都知道如果碰触就会被烫。（3）火炉对人不分贵贱亲疏，一律平等。（4）彻底性：火炉烫人绝对"说到做到"，不是吓唬人的。

规则不是只面向孩子的，同时也是对大人的约束，而且惩罚应该是对事不对人的。当孩子向你发脾气或撒娇时，想始终如一地坚持规则确实很难，但是只有坚持，孩子才会明白你对他的期待。

当孩子有做不到的时候，家长必须坚决，不许拖拉和讨价还价，孩子做到了就给予奖励。这样才能促使孩子的自我管理能力和主动性得到发展。但是，要避免用做家务当做一种惩罚。作为家庭成员之一，孩子做家务是应该的，不能当做惩罚手段。

另外，对孩子要少用威胁，但要自始至终贯彻规则。如果他没有及时清

如果孩子在生活中违反了规矩，一定要给予惩罚

理自己的房间，你可能先是警告他不许吃晚饭，但是当你让步而让他吃饭时，就向他发出了一个信息：你说话不算数。如果你不准备真的惩罚他，那你最好不要威胁他，因为不可信的威胁会破坏规则的执行。

美国有一则公益广告，内容是父母如何帮助孩子拒绝抽烟和接触毒品。广告中，一位母亲告诫儿子："你现在该做作业了，不能看电视！"同时她拿走了遥控器，说"你现在不能玩电子游戏！"同时她关掉了游戏机……

每一次，母亲都严格地维护了规则，最后，当这个孩子和一群孩子在一起有人给他一根烟时，他坚决地摇头：不！我不喜欢抽烟。这时画外音响起：说一不二，孩子会听从。

这则广告告诉家长，制定规则并严格执行规则，会起到事半功倍的效果。要想让孩子遵守规则，你要用行动，而不是冲着孩子吼叫或斥骂，也不是空洞的威胁。按喇叭无法驾驶汽车，怒吼也无法"驾驶"孩子。愤怒只会让你精疲力竭，对孩子产生的作用很小，甚至一点作用也没有。

在惩罚孩子时，其他家庭成员切不可当着孩子的面，表现出不同的意见或做法，即使是对的意见也要事后说明。否则，不但会使对孩子的教育效果相互抵消，还会令父母丧失权威。下面的这个故事中，父亲和母亲虽然有一个鼻孔出气的嫌疑，但这种默契的配合还是必须的。

小明对小伙伴说："我爸爸很凶，会打人，我妈妈则从不打我。"

小伙伴一脸羡慕地说："那你妈妈一定很疼你。"

小明很幽怨地回答："也不见得啦，只要我不听话，妈妈就会把我交给爸爸。"

此外，任性的孩子往往有太多空闲时间。要想让你的孩子行为举止适当得体，要减少他的空闲时间，帮助他安排活动，进行体育活动、做家务或学习。

当然，解决孩子任性的方法还很多，关键在于培养孩子认识和判断事物的能力。

50 自然惩罚法则
孩子跟大人对着干怎么办

当孩子在行为上发生过失或者犯了错误时，父母不给予过多批评，而是让孩子"自作自受"：体验到痛苦的责罚，强化痛苦体验，从而吸取教训，改正错误。

亲爱的心理学家：

您好。我儿子今年12岁，人很聪明，在班上平时的成绩在前六名，但就是平时不守纪律，贪吃、贪玩、爱上网打游戏。我每次批评他，他不但不听，还要还嘴顶撞我，我打他，他说要去法院告我。我真想不出什么好办法。请问对不听话的孩子，有什么办法呢？

——无计可施的家长

亲爱的朋友：

在很长一段时间里，父母要求孩子的是无条件地服从——听话，在幼儿园要"听阿姨的话"，假期陪老人要"听爷爷奶奶的话"，上学以后要"听老师的话"。孩子们所能做的，就只有服从，一切都由大人替他做决定。

当孩子年纪小的时候，这种保护和帮助是不可缺少的，因为他们的心智还不足以自己做出正确的决定。然而，当孩子一天天长大，并且进入青少年时期，他就开始有自己的想法，形成了自己的看法和思想，开始自己做决定了。

但是，这些想法和决定，有时与父母的期待是截然不同的。孩子想要到院子里踢足球，父母却要求他做作业；孩子觉得每天放学后打一会儿游戏也没什么大不了，可是父母却希望他马上开始练琴。因此，双方的冲突在所难免。

一位父亲安慰刚被"收拾"过的儿子："行了，别哭了！其实爸爸也不想打你，但你为什么老是跟我对着干呢？你看看邻居家的露露，和你年纪一样，可是从来不惹她爸爸生气，她爸爸也从来不打她。"

父亲为儿子擦去眼角的泪水："今后要听话！你说，从露露身上应该学到些什么呢？"

儿子边抽泣边说："要，要找，找个好爸……爸……"

父母和孩子之间发生冲突时，往往使双方感情都受到伤害：父母觉得孩子对着干，孩子则认为父母不尊重他们，甚至不爱他们。曾经有一个孩子对我说："我不想和父母吵架。因为我吵不赢的时候只有挨骂，吵得赢的时候只有挨打。"

在父母看来，孩子就像是完全变了一个人似的，让他们一时难以接受：孩子为什么喜欢跟大人对着干呢？

其实，问题不在于孩子，而在于父母：他们尚不适应长大全新的孩子——而仍然当他是个无知无识的孩子，企图替他做一切决定而他仍然全盘接受。这，也正是您和很多父母与孩子发生冲突的原因。

2004年，以色列学者阿维·阿索尔（Avi Assor）和盖·罗斯（Guy Roth）与美国资深动机心理学专家爱德华·德西（Edward L.Deci）合作，对100多名大学生进行了调查，询问他们在得到父母关爱时，是否取决于其学校成绩、苦练体育、关心他人，或能否控制愤怒及恐惧等情绪。

结果显示，受到父母有条件表现关爱的孩子，确实更趋于听话，也就是按大人的意志行事。

但是，这种听话是要付出代价的。首先，这些孩子往往对自己的父母感到反感和厌恶。其次，他们倾向于说，他们行事往往更多地取决于一个"强大的内部压力"，而不是"一个真正意义上的选择"。此外，在他们做某事成功之后所感到的幸福通常是短暂的，之后往往会感到内疚和惭愧。

一些研究者把学生按奖励和惩罚养育进行了分类。他们认为，这两种养育从长远看都是有害的，但在形式上略有不同。奖励有时对促使孩子在学习上更加努力是有效的，但其负面影响是随之而来的不健康的"内部压力"感觉；而惩罚甚至在短期内也根本不起作用，它只增加了孩子对其父母的负面情绪。

这些研究告诉我们，用表扬来替代惩罚让孩子听话的做法，同样属于"有条件培养"，也可能得到适得其反的结果。而且，用通常所说的惩戒方法让孩子听话，会导致孩子感情的极度焦虑。

在这方面，让犯错的孩子自己选择受惩罚的方式，是一个不错的选择。

这实际上是18世纪法国的卢梭在他的教育论著《爱弥儿》一书中提出的"自然惩罚":"使他们（孩子）从经验中去取得教训。"

具体来说，就是当孩子在行为上发生过失或者犯了错误时，父母不给予过多批评，而是让孩子"自作自受"体验到痛苦的责罚，强化痛苦体验，从而吸取教训，改正错误。

美国作家马克·吐温曾经有一次带着孩子到农庄度假。可是就在出发前，不知出了什么差错，大女儿苏西把妹妹克拉拉打得哇哇大哭。

按照马克·吐温的家规，苏西必须受到惩罚，惩罚的方式还要她自己提出来，父母同意后就可以施行。犹豫了半天，苏西终于下了决心对母亲说:"今天我不坐干草车了，它会让我永远记住，不再重犯今天的错误。"

发生这类冲突时，父母和孩子的感情都受到伤害。不过，这种冲突也有其积极的一面，那就是可以使父母逐步理解孩子。事实上，看到孩子开始形成并且发表自己的看法，父母应该感到宽慰才行。回忆一下自己的青少年时期，父母应该能理解孩子的感受。

我们大多数人会毫不犹豫地说，我们爱子女是没有任何附加条件的。但是，重要的是从孩子的角度是如何看的——当他们做得不好或搞得一团糟时，是否会觉得父母仍然爱他们。

美国心理学家卡尔·罗杰斯（Carl Rogers）认为，我们仅仅爱孩子是不够的，爱还必须是无条件的:爱孩子，而不是他所做的。相信没有父母认为，当孩子听话时就爱他们，反之则不爱。

当然，父母对孩子的无条件的爱，应伴随着"自主支持":要向孩子解释要求的理由，最大限度给孩子参与决策的机会，鼓励但不操纵，积极地从孩子的角度来想象和观察事物。这并不意味着要放纵他们，而是他们有权利把自己的意愿从父母的期望中分离出来。

51 同胞效应
孩子怪我偏心怎么办

某个孩子的特别得宠，往往会给全家造成不幸。无论是对哪一年龄段的孩子，这种不公正都会带来负面影响。

亲爱的心理学家：

　　您好。我有两个儿子，大的14岁，小的12岁。大儿子成绩优异，有体育才华；小儿子成绩较差，对课外活动没兴趣。有次我责骂小儿子迟迟未做完功课，他却发脾气，说我总是偏心哥哥。我自问从没有将他们比较，为何他会如此？我该怎么办呢？

——一位母亲

亲爱的朋友：

　　您好。虽然您说对两个孩子没有偏心，但是从信中的描述来看，你还是比较喜爱大儿子的。

　　虽然中国人形容父母对子女的爱时，有一句话叫"手心手背都是肉"。但实际上，父母是很难做到给每个孩子同等的爱。

　　美国《时代》杂志记者杰弗里·克鲁格（Jeffrey Kluger）在新书《同胞效应：兄弟姐妹纽带大揭秘》中称，"世界上95%的父母都有偏爱的孩子——而其他5%是在说谎"。他指出，真正塑造我们性格、影响我们对环境的感知和适应的，是家里的兄弟姐妹。经过他的研究，"同胞效应"这个词也开始流行开来。

　　而《最喜爱的孩子》的作者、美国心理学家爱伦·韦伯·利比（Ellen Weber

Libby）说，"每个父母都有一个最爱或是更爱的孩子。这很正常。而且父母们会在不同的时期偏爱不同的孩子。父亲更可能偏袒最小的女儿，而母亲则更倾向于溺爱长子"。

李先生有三个女儿，分别是5岁、3岁、1岁。李先生每天下班回家，三个女儿就先后拥上来，把他缠得没办法。最后，他总是讨好地说："乖，乖，不要吵。老大最乖，老二也乖，只是老三一点儿也不乖。"

李太太听了颇不服气："这话怎么说？都是一样嘛！"

李先生笑着说："您何必认真呢？反正老三听不懂嘛。"

只要是有兄弟姊妹的家庭，就会出现孩子觉得父母偏心的问题，即使平常生活中没有说出口，但内心可能存有这样的想法。尤其孩子特别敏感，感觉会更强烈。

即使父母没有做出任何比较，孩子也可能自己来比较。孩子和父母在偏爱问题上的感受有很大的不同。美国康奈尔大学的卡尔·安德鲁·皮勒默

"你看看哥哥，平时成绩很优秀，睡觉还看书呢，你倒好，一看书就睡觉。"

（Karl Andrew Pillemer）教授的一项调查发现：只有15%的孩子认为自己的母亲对待所有的孩子是同等的。

在最好的情况下，偏爱能给孩子以自信心；而在最坏的情况下，会造成孩子道德的缺失。无论你是否真的对某个孩子有所偏袒，只要你注意到或察觉到有孩子像是较少被关注，那就要试图去补偿他。

有研究表明，==某个孩子特别得宠，往往会给全家造成不幸。==无论是对何种年龄段的孩子，这种不公正都会带来负面影响，包括行为掩饰、焦虑、抑郁和其他种种精神问题。

而一个总是被偏爱、从不觉得自己做错事的孩子，可能成长为一个常怀特权感的人。他们也会在工作场合和成人的关系群中显示出这种品性。

皮勒默教授认为父母的偏爱即使是正常的，也必须区分偏爱和差别对待，"父母对孩子的偏爱应该是他们情感上的自我感觉。就像妈妈可能因为种种原因喜欢玛丽胜过贝丝和汤米。其实这很正常。我们可能对他们的存在给予同样的关切；无论对哪个孩子，我们都愿意不顾生命去救他，付出所有去养育他。但我们可能更受某个孩子的爱戴。"

而差别对待，则是父母"明显地给予某个孩子更多东西，花更多时间和他在一起，最进一步对他慈爱温和，而对另一个严厉。这才是问题的起源"。

有一个笑话说，兄弟俩在家写作业时，把书铺在自己的面前打瞌睡。妈妈看到了，把弟弟叫起来，指着睡觉的哥哥说："你看看哥哥，平时成绩很优秀，睡觉还看书呢，你倒好，一看书就睡觉。"

想要克服情感上的偏爱和差别对待，父母首先要诚实面对自己的态度，看一下是不是尽管口中没把孩子做比较，但在不知不觉中以一个作为对另一个的期望标准？或是否集中注意力在表现好的孩子上，另一个是否对此较为敏感呢？

战国时期，韩国的相国黄喜微服出访。他路过一片农田，坐下来休息时，瞧见农夫驾着两头牛正在耕地。便问农夫："你这两头牛，哪一头更棒呢？"

农夫看着他，一言不发。等耕到了地头，牛到一旁吃草，农夫附在黄喜的耳边悄声说："告诉你吧，右边那牛更好一些。"

黄喜很奇怪地问："你干吗用这么小的声音说话？"

农夫答道："牛虽是畜类，可心和人是一样的。我要是大声地说这头牛好那头牛不好，它们能从我的眼神、手势、声音里分辨出我的评论，那头尽了力但仍不够优秀的牛，心里会很难过……"

牛尚且会受到差别对待的伤害，何况孩子呢？

如果父母发现自己确实存在总是偏袒某个孩子，或总是对某个孩子特别严苛的倾向，就可以借此调整自己的行为。可以先跟弟弟谈谈，让他说出心底的不满，然后家长再分享自己的看法。例如同样疼爱两个孩子，只是表达方法错了，希望弟弟能了解父母并不是不爱他，只是没有以他所希望的方式去爱。

此外，家长对弟弟也要多以鼓励代替责备。每个小孩发展都不一样，都有优缺点，家长可以多发掘弟弟的优点，再加以欣赏或称赞，让他感觉父母也很重视他。

当然，孩子抱怨你偏心和发脾气，也可能是来自他的误解。在这种情况下，定期举行家庭会议进行沟通，会是一个解决问题的好方式。它不仅可以了解每个孩子的现状，找出谁的状况不佳，谁需要协助，而且还可以让孩子从父母的角度来理解问题，从而建立家人之间的更亲密关系。

不仅如此，孩子还可以通过家庭会议掌握解决问题、与人沟通的技巧，懂得合作并互相尊重，培养创造力，知道怎样进行集体讨论、承担责任和表达感受，学会生存智慧。

52 特里法则
错怪了孩子应该怎样解释

一次错误并不会毁掉以后的道路，真正会阻碍你的，是那不愿意承担责任、不愿意改正错误的态度。

亲爱的心理学家：

您好。我的女儿在读幼儿园大班。昨天，我在女儿的书包里发现有一本写着别人名字的"抄默本"。我问女儿为什么乱拿别的小朋友的本子。女儿申辩说是她班的小朋友送给她的。"送给你的？人家刚刚写了一页，上面还有老师打的'蝴蝶'，人家小朋友凭什么要送给你！""就是她送给我的。"

本来我就非常厌烦乱拿别人东西的行为，乱拿别人的东西说白了就是偷，从小养成了不好的习惯，长大了那还了得？！听女儿"强词夺理"，我非常气愤，狠狠地搧了女儿一巴掌。

下午，我到幼儿园去接女儿，她班的一位头扎羊角辫、长得十分伶俐可爱的小女孩对我说："叔叔，那本子是我送给张琬琬的，不是她乱拿我的。"我问她为什么把本子送给我女儿，她说："想送就送呗。"说完蹦蹦跳跳地跑了。我却很烦恼，不知该怎样向女儿解释。我想请问一下，这种情况下该怎么办呢？

——一位后悔的父亲

亲爱的朋友：

作为一位父亲，不了解清楚就对女儿动手，确实做得有点过火。

很多大人和你一样，只凭自己的经验就一口咬定孩子犯了什么错，让孩子百口莫辩。但是在明白了事实真相后，如果能对孩子说一声："对不起，我错怪你了！"同时，温柔地摸摸他们的头或给予他们一个拥抱，相信孩子是会非常感动并且原谅你的。

而这种感动，可以帮助他们更加成熟起来。正如英国教育家斯宾塞所说："受委屈的孩子很少会去反省自己有什么过错，因为愤怒和不平占据了他的心灵；而被感动的孩子则常常反省，因为感动增加了他内心的勇气和智慧。"

美国田纳西银行前总经理特里曾说："承认错误是一个人最大的力量源泉，因为正视错误的人将得到错误以外的东西。"由这句话引申出来的就是著名的心理学法则——特里法则。

谁都会犯错误，而且，每个人都存在这样的心理：犯错误的时候，脑子里总是想着隐瞒自己的错误，害怕自己承认错误之后觉得没有面子。其实，有这样的心理是正常的，但是，为了能够从错误中获得另外一些有用的东西，我们应该克服这样的心理。

特别是在家庭教育中，承认错误并向孩子道歉，可以帮助孩子学会负责任。这也是一个教育机会。

有时，父母觉得自己是大人，不能随便向孩子说"对不起"。但是，谁做得不对就认错，这是人与人之间交际的基本原则，不能因为双方的身份而违反。其实，道歉反而显得大人很光明磊落，在孩子眼中也很有分量。

《怎样向孩子道歉》一书的作者保罗·科尔曼（Paul Coleman）说，"向孩子认错会为孩子树立一个榜样，他们将从你这里学会如何对自己的错误道歉，并进而对自己造成的伤害负责。这样做不会令你显得无能，也不会使孩子从此变得强势；相反，父母的道歉会让孩子明白你是坦诚直率的，你对诚实是很看重的，因此他们会更加尊重你、服从你"。

　　大人向孩子道歉时，一定要保持诚恳的态度，用温柔、关怀的眼神面对孩子，坦诚地和孩子进行沟通，将你犯错时的真实想法以及反省告诉孩子，并且承诺："如果再发生这样的事，我不会那样对你了。在惩罚你之前，我会好好考虑几分钟。"

　　如果你觉得当面向孩子道歉很难接受，不妨试着给孩子写一封道歉信。写道歉信更能够体现出你的情感，让孩子更加感动。美国著名的教育家戴尔·卡耐基，就曾经给儿子写了一封道歉信，信中说——

　　儿子，我对你太暴戾了。当你穿衣服上学时，我责骂你，因为你没洗脸，只是用毛巾随便擦了一下；因为你没有把鞋子擦干净，我又斥责你；当你把东西随便扔在地上，我又生气地呵斥你……

　　儿子，就在你走开之后，我手中的文件掉了下去，全身浸在一种非常难过的恐惧中，我怎么被这种习惯弄成这样子？那种挑毛病和申斥你的习惯——竟然当你还是一个小男孩的时候，我给你的期望太高了。

　　在向孩子道歉的时候，有一点必须记住，那就是：道歉不是为了取悦孩子或者安抚他的情绪，更不代表要放弃原则。如果孩子抓住你道歉的机会，试图要挟你达到某种要求的时候，比如："你承认是你错了！你欠我一次！今晚我要通宵看电视！"在这种情况下，你可以给孩子一点好处，但一定要拒绝他们过分的要求，你一定要跟他讲清楚——不可能。另外，要向他说明——每个人都会犯错误，家人要理解接受他的道歉，然后摒弃前嫌。

　　美国教育家斯特娜夫人说："一个勇于承认错误、探索新的谈话起点的父母，远比固执、专横的父母要可爱得多。"试一下吧，相信父母的道歉能得到孩子的理解，从而为良好的亲子关系打下基础。

53 应激反应
怎样让孩子面对父母离婚

理智的离婚，可让孩子知道你可以为他付出爱，但是不能牺牲自己，一个人首先要对自己负责任。

亲爱的心理学家：

您好。我现在很苦恼，因为我非常想离婚，已经到了那种不可调和的地步。但是又怕离婚伤害只有6岁的孩子，而且很多朋友都在劝我为了孩子放弃离婚的念头。我很难过，也很困惑：为了孩子留下，自己很痛苦、很委屈；选择新的生活，又不知孩子是否能接受。我想问一下，离婚是不是真的一定会伤害孩子呢？

——一个困惑的女人和母亲

亲爱的朋友：

您好。你提的问题，是一个在今天的中国尤其普遍的问题。

近年来，中国的离婚率逐年攀高，还有更多的家庭处于离婚的边缘。很多父母坚守婚姻的理由仅仅是：给孩子一个完整的家。父母离婚，必然会给孩子的生命个体造成不同程度的心理冲击。这在心理学上称为"应激反应"。

首先是愤怒。父母离异的孩子常常怪罪父母，甚至怨恨整个世界——为什么这样的灾难会发生？如果这样的愤怒被导向于父母中的一方，孩子很容易归罪于这一方，而把另一方看成是受害者，这很容易导致内心分裂。这时，就需要"受害者"的一方来给孩子进行开导。

在这方面，美国现任总统巴拉克·奥巴马的母亲安·邓纳姆是一个成功的典型。

安·邓纳姆是一个美国白人，来自肯萨斯州，而老奥巴马是一名在夏威夷念书的肯尼亚留学生。两人结婚时，安刚好18岁。这段婚姻很短暂，老奥巴马离家前往哈佛大学念经济学博士学位，就把年轻妻子和年幼的奥巴马留下了，因为他没有钱带妻儿同去。

后来，安提出离婚，老奥巴马没有异议。安一边带儿子一边求学，生活非常拮据，老奥巴马也没支付过赡养费。在一般人看来，她有很多理由痛恨老奥巴马。

然而，安从来没有抱怨过前夫，也没在儿子面前说过老奥巴马的坏话。实际上，每当和儿子谈起他的爸爸，安没有给孩子抱怨他父亲的缺点或不负责任，说的都是优点。她对奥巴马说，爸爸聪明、幽默，擅长乐器，有一副好嗓子。

其次是内疚。这类儿童会认为，如果他们是个乖孩子，听爸爸妈妈的话，他们就不会离婚了。所以要让孩子知道，这并不是他的错。

一段婚姻走到尽头时，失落和悲伤是很自然的。你可以让孩子分担你的感情，但不是用错误的观念误导他，这才是为人父母对孩子负责任的做法。

那么，父母应不应该为了孩子维持不可调和的婚姻？

其实很多人离婚，并不是喜新厌旧，而是因为对另一方的某些方面无法容忍，或者是因为另一方对家庭的不负责等行为造成的。但是，社会舆论提倡为了孩子不要离婚，可是不离婚对孩子真的比离婚好吗？恐怕要做具体的分析。

其一，不离婚，可以在表面上给孩子一个完整的家，但是，婚姻的双方已经没有了爱，每天给孩子提供的是一个不良的爱情范例。孩子并不像我们想象的那样不明世事，一个凑合的家庭和一对充满怨恨的父母，对孩子心理的影响并不亚于离婚。

如果父母中的一方不能从根本上改善孩子的精神和情感生活，无法成为孩子的好榜样，那么这一方的离开，对孩子不是坏事。

其二，家并不一定非要由亲生父母及孩子组成，只要对孩子有爱，在什么环境都可以付出。

许多人认为，只有亲生的父母才能给孩子完整的家庭，给孩子爱，但是他们忽略了一个问题——家不是一定要由爸爸妈妈和孩子组成才算完整。在很多再婚家庭里，亲子之间照样爱意浓浓，孩子不仅没有失去爱，反而多了一个人来爱他和帮助他。

美国著名的成功学大师戴尔·卡耐基的经历，就证明了这一点。

卡耐基小时候是一个公认的非常淘气的坏男孩。在他9岁的时候，他父亲再婚。父亲是这样向新婚妻子介绍卡耐基的："亲爱的，希望你注意这个全县最坏的男孩，他可让我头疼死了，说不定会在明天早晨以前就拿石头扔向你，或者做出别的什么坏事，总之让你防不胜防。"

出乎卡耐基意料，继母微笑着走到他面前，托起他的头看着他，接着又看着丈夫说："你错了，他不是全县最坏的男孩，而是最聪明、但还没有找到发泄热忱地方的男孩。"

继母说得卡耐基心里热乎乎的，眼泪几乎滚落下来。就是凭着她这一句话，他和继母开始建立友谊。而在继母到来之前，没有一个人称赞过卡耐基聪明，所有的人都认定他就是坏男孩。继母的一句话，便改变了他的一生。

失败的婚姻，虽然会对人有挫败感，但也可以让人学到很多东西。理智的离婚，可让孩子知道你可以为他付出爱，但是不能牺牲自己，一个人首先要对自己负责任。它可以教会孩子尊重他人，包括尊重父母的选择。孩子可以从中明白，人不能只为自己活着，要多替别人着想，父母不一定必须围着孩子转。

教育家马卡连柯说："一切都让给子女，牺牲一切，甚至牺牲自己的幸福，这就是父母所能给孩子的最可怕的礼物。"那些自认为了孩子而委屈一生的父母，正是把这件最可怕的礼物端给了孩子。

事实上，并不是离婚本身伤害了孩子，而是大多数夫妻在离婚时的表现伤害了孩子。如果能够理智友好的离婚，对孩子的伤害一定能减少到最小，甚至没有。

接下来的问题是，怎样让孩子接受父母离婚的事实？

首先，无论孩子年龄有多小，他们都有权知道父母正在办理离婚。你应该告诉孩子，父母当中会有一人离开这个家，而且再也不会搬回来住了。没有必要用"爸爸出差了"或者"妈妈回外婆家了"这样的理由来搪塞。离婚的话题与死亡类似，遮遮掩掩、闪烁其词只会带来伤害，而且最终还是需要得到更正。

其次，最好是在爸爸妈妈都在场的情况下，告诉孩子离婚的消息。孩子大多不能真正了解离婚：为什么我最亲密的两个人会不爱彼此了呢？父母要勇于承担责任，正面回答与自己相关的问题。

第三，任何年龄的孩子的第一反应都会是问"为什么"，如果你回答分开生活对所有人都好，那么孩子就会问"爸爸（妈妈）离开了，是不是就不爱我了？"不管是不是说出口，这个问题是一定存在于孩子脑海中的。为了消除他的这种恐惧，必须告诉孩子："爸爸妈妈都会爱着你，永远都会。"

不要急于告诉孩子家庭财务状况的变化，也不要急于告诉他父母中有一人或者双方都会马上再婚。如果可能的话，把对他的安排尽可能详细地告诉他，包括离开的一方多久来探望他一次。虽然孩子会痛苦，但也要鼓励他多问所关心的问题。

54 鲶鱼效应
孩子竞争意识差怎么办

如果盲目地鼓励孩子竞争，却没有让孩子了解到竞争的意义，恐怕会适得其反，导致孩子过度竞争或恶性竞争。

亲爱的心理学家：

您好。我是一个初中学生的父亲。前天，儿子对我说："我们班有个同学去省里参加编程比赛了。"我说："你要是能有机会参加个什么比赛就好了。"儿子说："上次，英语老师让我参加英语比赛，我拒绝了。"我一听就火了："什么?! 你拒绝了，多好的机会啊，你为什么拒绝?"他回答我说："因为太烦了……"

上周，他们选拔初中科学奥林匹克比赛选手，他没有份，我故意问他："你心里有失落感吗?"他说："有什么好失落的，无所谓。"

我有些不明白，这孩子到底是什么心理啊，现实如此残酷，每个孩子都在接受"狼性教育"，他这样没有一点竞争的意识，以后怎么在社会上立足呢? 难道他天生吃了与世无争药，只愿做一个俗世眼中的快乐蠢人? 请问有什么办法加强他的竞争意识呢?

——一位失落的父亲

亲爱的朋友：

在竞争越来越激烈的当今世界，父母也都越来越认识到孩子的竞争意识和竞争能力的重要性。让孩子学会竞争，成为无数父母教育子女的重要内容，他们通过各种措施鼓励孩子参与竞争。

竞争意识，是指对外部活动的积极、奋发、不甘落后的反应。培养孩子的竞争意识，鼓励孩子参与竞争，对孩子的成长很有意义。

培养孩子的竞争意识，首先要让他有自己做主的权利。有人开玩笑地说，中国父母对孩子的培养就是一个"报"字——5岁：孩子，我给你报了少年宫；7岁：孩子，我给你报了奥数班；15岁：孩子，我给你报了重点中学；18岁：孩子，我给你报了高考突击班；23岁：孩子，我给你报公务员；32岁：孩子，我给你报了《非诚勿扰》。这样的孩子，恐怕不只是没有竞争意识的问题，而且还有一个奴隶化的问题：他已经不属于自己。这种情况下，父母的教导再多也是没有用的，孩子习惯了一切由父母包办，他怎么能主动竞争呢？他已经被剥夺了自主和主动的权力。

很久以前，挪威人从深海捕捞的沙丁鱼，总是还没到达海岸都已经死了。但有一条渔船总能带着活鱼上岸，活鱼比死鱼可是贵上好几倍呢。这是为什么呢？

原来，渔人在船的鱼槽里放进了鲶鱼。鲶鱼是沙丁鱼的天敌，鲶鱼的天性是不断追逐沙丁鱼。在鲶鱼的追逐下，沙丁鱼拼命游动，激发了其内部潜能，从而活了下来。

这就是"鲶鱼效应"，它告诉我们，竞争可以激发人的内部潜能。

不过，凡事都有一个度，培养竞争意识也不能过头。如果盲目地鼓励孩子竞争，而没有让孩子了解到竞争的意义，恐怕会适得其反，导致孩子过度竞争或恶性竞争：在成功时沾沾自喜，在失败时怨天尤人，甚至仇恨和伤害对手，这就过犹不及了。

现在很多家长谈论的"狼性教育"——把孩子教育成眼里只有个人成就的狼，笔者不敢苟同。因为科学研究已经证明，竞争意识太强并不一定是好事。

美国心理学家多伊奇等人（Deutsch，1960）曾做过一个经典的实验，该实验要求被试两两成对，分别充当两家运输公司的经理，任务都是使自己的车辆以最快的速度从起点到达终点；速度越快，则赚钱越多。要求被试尽可能多赚钱。

每个人都有两条路线可选，一条是个人专用线，另一条是两人共同的近道线，但道近路窄，一次只能通行一辆车，因此使用这条近而窄的道路只有一种办法：双方合作交替使用。研究者明确告诉被试，即使交替使用单行线，也必须要有一点等待时间，但走单行道远比启用个人专线经济、有效。

实验结果表明，双方都不愿意合作，狭路相逢，僵持不下的情况时有发生。

当研究者要求被试阐明宁可投入竞争也不愿选择合作的理由时，大多数被试表示自己希望战胜其他竞争者，而并不重视自己在实验中的得分多少，即使得分少也要去竞争和胜过他人，从而实现自我价值。

这个实验，一方面证实了人心理上倾向竞争的结论，另一方面也表明，在个人竞争的条件下，多数人只关心自己的工作，不会相互支持，因而反而可能降低效率。

在现实生活中，部分竞争意识很强的孩子，未能积极、正确地面对竞争，对竞争伙伴充满敌对情绪，采取"封闭"和"打击"的办法，不再和对方交朋友，甚至怂恿别的伙伴孤立他，严重的甚至毁坏对方的资料等。父母要提高孩子的竞争道德水平，教育孩子在竞争中要学会宽容。

父母要告诉孩子，竞争并非就是不择手段地战胜对方，同学之间的竞争应该有利于促进相互督促、相互学习，以竞争促进进步。竞争也要珍惜同学间的友谊，要运用正当的竞争手段，不能做出伤害同学的事情。

父母要鼓励孩子欣赏别人的胜利，培养他宽大的心胸。同时，也要让孩

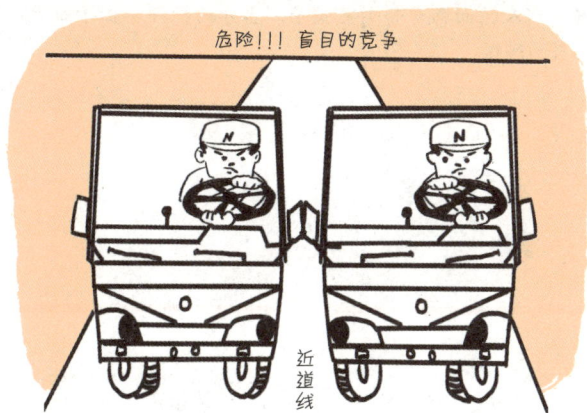

子接受一些挫折教育，培养孩子的意志，让孩子感到失败并不可怕，只有在失败之后及时地调整自己的心态，消除不必要的紧张、忧虑和自卑等消极情绪，才能争取到下一次的成功。

在任何竞赛前，不要给孩子太大压力，诸如"你一定要拿第一"、"你一定要赢某某"等，而应告诉孩子，"只要你努力了，爸妈就会高兴"，时刻对孩子充满信心。

一个孩子正常的成长状态是，既要有竞争对手，也要有亲密伙伴。让他们既与别人竞争，同时又有相互支持的同伴，他们共同活动，彼此交流，相互理解。只有在这种情况下，他们才能学会和人进行良性的竞争。

55 社交恐惧
孩子不肯打招呼怎么办

不要当着别人的面指责和嘲笑孩子。当众的批评不但于事无补，还会加深孩子对他人的恐惧。

亲爱的心理学家：

您好。我的孩子今年9岁了，很听话，但就是不太善于与别人打交道。我和丈夫都十分有礼，看见邻居等都会打招呼，每次外出前都告诫孩子见了长辈要主动问好，别人问问题时要好好回答等，可是孩子一遇到外人就很害羞，要么低着头，要么把脸扭向一边或者涨红了脸没有一句话，有时干脆躲到我的身后，弄得我很尴尬。虽然多次批评他，但也不见改善。我想请问一下，有什么好的方法改善吗？

——一位无可奈何的父亲

亲爱的朋友：

您好。您的孩子遇到的问题，是社交恐惧，我们在生活中称之为害羞。

在这个世界上，大约有1/5的孩子是天生害羞的。根据美国著名心理学家菲力普·津巴多博士的观点，害羞是孩子们固有的个性之一。

首先要告诉您一个好消息，尽管害羞的孩子看起来在外人面前表现不好，但现在科学家越来越倾向于认为：害羞是一种优势性格，有益于孩子的健康成长。华盛顿大学教授大卫·霍金斯（David Hawkins）说："害羞存在着危险因素，但它也具有一种保护性品质。"

比如，害羞的孩子较为聪明，看起来少言寡语，但勤于思考，多于行动，能吃苦耐劳，更富有创造性和实干精神，成年后也不会搬弄是非，因而大多能受到他人的信任。害羞孩子的朋友也许比那些开朗孩子的朋友少，但他们涉及暴力犯罪或团伙犯罪的几率很低。

同时，害羞者往往心态宁静，不怒不躁，宽容豁达，对坎坷、挫折、失败等的心理承受能力较强，有利于身心健康与事业的成功。至于其中的奥妙，据美国哈佛大学和耶鲁大学的心理学家研究，乃是得益于害羞孩子的神经系统天生较为发达之故。

研究者指出，亚伯拉罕·林肯、穆罕达斯·甘地、纳尔逊·曼德拉等伟人的性格中都有害羞的成分。英国历史上的著名首相本杰明·迪斯累里（Benjamin Disraeli）坦白说，他宁愿率领一支骑兵去冲锋陷阵，也不愿意面对下议院做首次演讲。

正因为害羞的儿童天生神经系统较为发达，在社会交往中，他们会因自我意识强烈和惊慌而过于胆怯与退缩，难以与环境融洽相处，不易交朋友，这可能会影响其日后的事业与工作。

因此，对孩子的害羞个性加以适当的引导和矫正，是有必要的。

首先，对孩子的害羞个性，家长应当正确认识并勇于接纳，完全没有必要过分关注或大惊小怪，而要以平常心来对待。

要理解和体贴孩子，使孩子放松下来。如果孩子处于紧张状态不愿打招呼，不宜硬要孩子开口问好，更不要反复提醒和批评。即使孩子的声音很小，也要多给一些正面的鼓励和表扬，有时甚至可以夸张一点，以增强他的信心。

其次，一定要注意，不要当着别人的面指责和嘲笑孩子。当众的批评不但于事无补，只会加深孩子对他人的恐惧，使孩子更加害羞。

因为孩子心理本来就比较脆弱，而且很相信父母的评价，会认为自己的确就是一个性格内向、很害羞的人，他以后会经常以"我是一个害羞的人"来暗示自己，为自己的行为找到依据，并以此来作为自己退缩行为的理由和借口，愈发回避与别人打招呼。

第三，要鼓励孩子多进行人际交往，但必须让他事先有充分的准备，并采取由易到难的交际方式。

无论在什么场合，如果孩子事先已经做好了各种准备，知道将要面对的情况，他就不会那么紧张、焦虑和不安，害羞情绪也会减少许多。正如美国学者梅阿利·罗斯巴德所说："只要不让孩子突然遭遇未知事物而受过强刺激，而是让他们在松弛状态下接触新事物，孩子就会自然适应。"

比如带孩子参加聚会，应该事先告诉他要到哪里去、要去干什么，最好能先让孩子结识一下要见的人；陌生客人到访，可以先告诉孩子会来多少客人，客人来后孩子应该怎样打招呼（安排打招呼的次序，应由熟人开始）。如果在学校需要公开发言或演讲，可以事先在家里对孩子多加辅导和演练，让孩子熟悉整个程序，减少临场的慌乱与失误。

同时，也要让孩子知道，社交沟通的形式有很多，友好地向对方微笑、点头、挥手等行为都是交际方式的一种，鼓励孩子先以最简单的方式开始，由易到难地掌握其中的技巧，如先教他挥手、说"HELLO"等，但不应反复提醒。

第四，大多数孩子的害羞是有选择的。在安排孩子增加社会交往时，要选择好对象，要注意使孩子能从中体会到与人交往的愉快。

带孩子去做客时，要选择那些态度和蔼、容易亲近的亲戚朋友；在安排孩子与其他的小朋友一起活动时，要选择比他年龄小、攻击性不强的孩子；在安排孩子参加集体营地活动时，要选择人数较少的场次。这样，可以有效地避免孩子在活动中经受惊吓、挫折、拘束、不安全等不良心理体验。

56 避雷针效应
孩子被欺负怎么办

当孩子受到欺负时，父母应该让孩子学会自我保护，勇敢地向欺负他的孩子表明自己的态度：我不是软弱可欺的。

亲爱的心理学家：

您好。我女儿上二年级，学习好，各方面都很好。昨天，我女儿说："妈妈，我们班的×××打我，而且他还打其他的同学。"平时那小孩是班里的小霸王。我担心孩子心理上会受到影响。如果教孩子还手再打别人，好像也不太好，会误导孩子。我想请教一下，对类似的情况应该怎么处理？

——为孩子挨打而心焦的母亲

亲爱的朋友：

您好。但凡为人父母者，看到孩子从外面哭着回来，含泪说"有人欺负我"的时候，心里都会有些不舒服。

显然，听之任之是不可取的。孩子之间的纠纷，在大人眼中可能是小事一桩，但可能会影响孩子的一生。因为欺负就是矛盾的升级，它通常以微不足道的方式开始，并且愈演愈烈。研究发现，长期受人欺负的孩子会产生心理障碍，他们往往变得抑郁、沮丧，甚至认为自己毫无用处。

找对方的家长或直接插手惩罚欺负孩子的人呢？也都是不可取的——既不利于解决问题，还可能对孩子的心理造成不良影响。找对方家长或直接插手，无疑是在暗示孩子，犯了错由家长承担。孩子有了这种观念后，容易产生对父母的依赖心理，失去独立性，而且养成不辨是非的习惯。

妈妈训斥儿子："你和最好的朋友打架，你难道不害羞吗?"

儿子委屈地回答："他先用石头扔我的。"

妈妈很生气："他用石头扔你时，你该马上回来告诉我。"

儿子回答说："那有什么用? 我扔得比你准。"

在建筑物顶端安装一个金属棒，用金属线与埋在地下的一块金属板连接起来，利用金属棒的尖端放电，使云层所带的电和地上的电逐渐中和，从而保护建筑物等避免雷击。在心理学上，有一个"避雷针效应（Lightning rod effect)"，就是用来形容只有疏导和调节情绪，才能冷静正确的做出各种决策。

在孩子受了别人欺负的时候，做父母的就要做孩子的"避雷针"，发挥疏通和引导的作用，使孩子学会正确处理这一类问题。

小学阶段的孩子，正在学习如何和伙伴通过竞争或合作来达到交际目标。这是他的必经阶段。通过竞争和合作，孩子领悟到人与人的互相牵引和影响，并努力建构自己的社交圈子。孩子对交际的判断只是靠一些短期情感影响，变化很大，今天发生冲突，明天又可以是好朋友，所以没有必要大动干戈。

孩子在冲突中"被欺负"，首先要设法让孩子平静下来，问清事情的来龙去脉，帮助他弄清楚究竟是"谁错了"。在这一过程中，不要先入为主地认为：既然是孩子受了欺负，那么一定是对方的责任。其实，有些冲突恰恰是受了"委屈"的孩子挑起的。

如果孩子受到"欺负"是他自己引起的，要先告诉他，对方打人是不对的，不能做"打人的孩子"，但同时也要指出他不对的地方，告诉他以后应该怎么做。

如果主要的责任在对方，一定要根据情况的严重程度，告诉孩子正确的解决方式。孩子不能去伤害别人，但也不能一味地承受别人的伤害，过于忍让，不利于孩子的身心健康发展。

如果只是口角之争，要鼓励孩子自己去和对方交涉，培养孩子独立处理事情的能力，让他懂得如何维护自己应有的"权利"。比如，鼓励孩子对欺负人的孩子说"我不喜欢你这样做"、"你再这样，我就不客气了"等等。

如果冲突严重到皮肉受苦，可以先对孩子表示安慰，让他觉得自己并不孤立，然后告诉他，以后再有人这样欺负你，应该勇敢地维护自己的权益，流泪只会让欺负者更加肆无忌惮，甚至变本加厉。

如果孩子由于性格懦弱或别的原因不敢反击，可以和孩子在家里轮流扮演欺负与被欺负的角色，教他学会斥责想欺负他的人，绝不能低着头或怯生生地吞吞吐吐。必要的时候，父母也可以陪伴孩子去解决问题，但一定要让孩子自己处理，父母不能包办代替。

此外，可以寻求老师和学校的支持。这样做，可以让孩子意识到受人欺负时需要主动还击，但并非一定以牙还牙，而应该让主持"公道"的人去管。孩子接受这些观念，能够提高他的自立能力和规则意识，对他将来如何在一个有规范、秩序的社会中为人处世，也是很有帮助的。

总而言之，当孩子受到欺负时，父母应该让孩子学会自我保护，勇敢地向欺负他的孩子表明自己的态度：我不是软弱可欺的。

同时，也要注意不能矫枉过正。有些父母为了避免孩子被欺负，往往鼓励孩子的攻击行为，甚至夸奖孩子"全班的同学都怕他"或"谁都敢打"。实际上，这不仅无法让他在同伴中获得尊重，恐怕还会引起更严重的问题。因为害怕并不意味着尊重，让孩子获得别人尊敬的最好方法，是教会他尊重别人。

从长期来看，为了提高孩子在交往圈中的地位，可以教孩子几个"绝活"。因为多数孩子往往崇拜能力比自己强的人，对于这样的同伴，他们很少产生欺负的动机。因此，在业余时间教孩子一些技能，如折纸、变魔术等，有助于他们"震慑"住喜欢欺负人的同学。

57 链状效应
孩子交上了"坏朋友"怎么办

父母不应该替孩子决定与什么人交往，但是有责任教给孩子交往的原则和方法。

亲爱的心理学家：

您好。前一段时间，我那上中学的儿子和他们班上一个喜欢打架成绩不好的同学玩到了一起，一起上下学，周末经常在一起，几乎到了形影不离的地步。

从老师那儿了解到那孩子的情况后，我也找儿子谈了，告诉他不要和那个同学在一起。可是儿子却告诉我，那个男孩儿会一点儿"拳脚"，所以他特别崇拜那男孩，他还让我不要干涉他的交友自由。

我想请问一下，做爸妈的对这种情况应该怎么做才好呢？

——一位父亲

亲爱的朋友：

俗话说"近朱者赤，近墨者黑"，每位家长都和您一样，希望自己的孩子能和好孩子交朋友，在良好的圈子里学到更多的东西。然而，孩子到底交什么样的朋友，却不是我们所能左右的，这也是很多家长所头痛的事情。

您儿子说得也对，作为一个独立的个体，他有选择朋友的自由。由孩子自己选择，并在交朋友的实践中摸索经验，对他会有什么影响呢？

美国心理学家纽科姆（Newcomb, 1961）曾在密执安大学做过一项实验，实验对象是17名大学生。实验者为他们免费提供住宿4个月，条件是要求他们定期接受谈话和测验。

在被试进入宿舍前，先测定他们关于政治、经济、审美、社会福利等方面的态度和价值观，以及他们的人格特征。然后，将那些态度、价值观和人格特征相似和不相似的学生，混合安排在一起生活。4个月后，定期测定他们对一些问题的看法和态度，并让他们相互评定室内人——喜欢谁，不喜欢谁。

实验结果表明，在这些学生相处的初期，空间距离的邻近决定人与人之间的吸引。但是到了后期，相互吸引的动力发生了变化，态度和价值观越相似的学生，相互吸引力越强。而且，只要对方和自己的态度相似，哪怕在其他方面有缺陷，同样也会产生很大吸引力。

这个实验说明，学生在交往中受到态度观点相似的人的吸引，而不注重对方的其他方面。伊索有一句名言："对一个尚未成熟的少年来讲，坏的伙伴比好的老师起的作用要大得多。"可见，朋友对孩子的影响有多大。

由于孩子心智发展的不成熟以及社会经验的欠缺，孩子辨别是非的能力是比较弱的，父母不应该替孩子决定与什么人交往，但是有责任教给孩子交往的原则和方法。特别是男孩子，好动爱玩，很容易和那些爱打架的同学交朋友并模仿他们的行为，认为那是威风、是勇敢。久而久之，无故缺旷课、夜不归家、抽烟、酗酒、打架骂街等都有可能发生。出现这种情况，要主动介入，帮助孩子提高辨别能力。

所谓的介入，并不是要气急败坏地谴责孩子，也不是一味地"棒打友谊"，而是强制孩子与那些"坏朋友"划地绝交。先要通过和孩子聊天、与老师沟通、约孩子的朋友到家里来玩等方式，了解一下那些"坏朋友"的具体情况，特别是他们为什么会吸引你的孩子，从而有的放矢地采取措施。

举例来说，有一位父亲发现儿子的手指有烟熏的痕迹，再三追问才知道，原来儿子与一个小"烟民"交上了朋友，逐渐由一个"旁观者"发展成吞云吐雾的"实践者"。父亲多次讲解吸烟危害，甚至"动武"要他与小"烟民"保持距离，可儿子仍然与其"藕断丝连"。

后来，父亲和孩子的舅舅说起了这件事。舅舅在医院工作，很快就带这个孩子参观了医院的呼吸科病房，从窗外看着病人咳嗽不断、呼吸困难的样子，孩子顿感惊诧与恐惧。舅舅只告诉孩子一句话：这些人患病很多都是吸烟引起的。从此，孩子再也不与小"烟民"来往了。

长篇的说教，远不如让事实说话来得有效。你的孩子不是崇拜那个男孩儿会"拳脚"么，那就带他去看真正的武术训练，甚至可以让他参加一些武术训练班。我相信，当他见识到真正的功夫后，恐怕再也不会对那个男孩儿的花架子有什么崇拜，自然也就疏远他了。

此外，有些家长以成绩好坏定为孩子交友的标准，也是值得商榷的。

诚然，与成绩好的学生交友会有利于提高成绩，但若所有父母都以此来干涉孩子交友，你的孩子相对于更优秀的学生也是"差生"，跟他交往自然会影响人家的成绩，人家怎么会跟你孩子交朋友呢？

58 罗密欧与朱丽叶效应
孩子"早恋"怎么办

每个人都愿意对自己的行为拥有控制权，而不喜欢有人限制他们的自由。当自由受到限制时，他们会采取对抗的方式来保持自由，消除不舒服的感觉。

亲爱的心理学家：

您好。我女儿自上幼儿园到现在的高一，每年都是三好生，每个年级都是班长。可是今年四月下旬开始，我明显感觉到她的异常：一到晚上就精神抖擞，白天没精打采，而且老是撒谎（以前从不撒谎）。我发现夜里她等我们睡觉以后就给一个男同学发信息，我接连没收了她三部手机，她爸当着她的面一一把它砸了，以为这样能断了她早恋的念头。

我苦口婆心地天天给她讲道理，讲她现在是关键时期，否则会前功尽弃，以前的辛苦就会白费。我为了培养她，做了全职太太，我的付出也会白费。可她根本听不进去，现在晚上要么就睡觉，要么就坐在那里磨蹭，根本不好好做作业，成绩一落千丈。

原来那么乖、那么听话、那么上进、人人夸赞的好孩子，怎么说变就变了呢？我打也打了，骂也骂了，软硬兼施都用上了，收效甚微。我想请教一下，对孩子早恋有什么好的制止办法吗？

——一个心如刀绞的母亲

亲爱的朋友：

您好。读了您的信，我也是心如刀绞，不过是因为你们对待女儿的方式。

你和你丈夫那样摔孩子手机并进行打骂，已经是对孩子严重的伤害。

早恋，也叫青春期恋爱，指的是未成年男女建立恋爱关系或对异性感兴趣。在中国，一般指18岁以下的青少年之间发生的爱情，特别是在校的中小学生为多。

其实，"早恋"这个词，本来就是中国人创造出来的，带有长辈一方的否定性感情色彩。在西方文化中并没有这个概念。严格来说，这个词只是用来压制孩子的一个经不起推敲的理由。

对于孩子来说，在学习、生活上遇到问题的时候，他们更愿意向同龄人倾诉。有个比较谈得来的异性朋友对他们来说，是一件非常自然和值得开心的事情，而到了青春期以后，他们对异性产生兴趣是很自然的事情。

但是一些父母不了解孩子的特点，只要男女生经常在一起，就先入为主地认为是"早恋"，会影响学习成绩，就要采取"专政"，要么恫吓威胁，要么全面管制。然而，这样做只能适得其反。

首先，压制打击只会使问题变得更加糟糕。

男女同学之间联系密切，可能只是一种友情和朦胧的好感。而如果他们受到高压，反而有可能真的把这种友情当做是爱情。这就弄巧成拙了。

原因很简单，青春期的孩子因为好奇心和个性的互补，在异性交往中获得友谊和满足感。但一旦这种交往受到外部干涉甚至明确反对，认知出现了不平衡，只好把内在的情感因素升级，以解释双方的交往，使自己的认知重新处于平衡状态。这时，孩子就可能把满足感解释为双方的"爱"，从而误认为自己已经坠入爱河。

其次，高压政策有可能会适得其反。

美国社会心理学家布莱姆在一个实验中，分别让被试面临A与B两个选项。在低压力条件下，另一个人告诉他："我们选择的是A项。"在高压力条件

低压条件下的选择　　　　　高压条件下的选择

下，另一个人告诉他："我认为我们两个人都应该选择A项。"

结果发现，低压力条件下，被试实际选择A项的比例为70%，而在高压力条件下，只有40%的被试选择A项。

由此可见，无论是什么选择，在自愿条件下，人们会倾向于增加对这个选择的好感；反之，在被强迫的时候，便会降低对选择对象的好感。

包括孩子在内，每个人都愿意对自己的行为拥有控制权，而不喜欢有人限制他们的自由。当自由受到限制时，他们会采取对抗的方式来保持自由，消除不舒服的感觉。

你强迫自己的女儿与那男同学断绝关系，可能使孩子从比较理智的状态变得不理智，变成子女和父母的一场战争，她在高度的心理抗拒之下，会倾向于做出相反的选择，不但不放弃，还会增加对对方的依恋程度。

早在1972年，美国心理学家德瑞斯科（R.Driscoll）曾经调查了91对夫妇和相恋8个月的41对恋人，发现父母干涉程度越高，恋人之间的关系反而更紧密。他们借用莎士比亚的戏剧名，把这种现象称为"罗密欧与朱丽叶效应"。

正确的做法是先冷静下来，不要说与男生在一起一定会影响学习，或者对方有多么糟糕。如果这样告诉孩子，会使她的内心承受分裂性的痛苦。毕竟，孩子开始对异性产生好感并进行交往，实际上这标志着孩子在成长。然后，可以通过交流，帮助孩子分清对人的好感、友情、爱情和婚姻都是各不相同的事情，可以提醒她，爱情不仅会使女生在学习上退步，也会使男生的行为像个傻子，这都是为爱情让路。

新闻报道、电影片段甚至是广告，都可以引出这方面的话题，与他们讨论如何定义一段健康的恋爱关系，向他们指出虚拟时空和现实世界不同的地方，并讨论不同的原因以及不同的后果。

土耳其作家奥罕·帕慕克（Orhan Pamuk）是2006年诺贝尔文学奖得主，他曾经向人们讲起自己的一段"早恋"经历。在这个经历中，我们可以看到一位父亲是如何成功处理这个问题的。

奥罕·帕慕克年少时在一所私立学校上学，与一位叫依丝米忒的女孩陷入了情网。

他的异常举止，使父亲察觉到儿子一定有了心上人。但是父亲并未急于"棒打鸳鸯"，而是挑选了一个晚上单独与帕慕克进行了交流。父亲直言不讳地问道："告诉爸爸，你喜欢的那个女孩子叫什么？"

帕慕克怔了片刻，随即交代了整件事。父亲听了后说："还是到此为止吧，听爸爸的话。"

帕慕克辩解："爸爸，是她主动……"

"奥罕，你还太小。"

帕慕克反而抓住了父亲当年只有17岁就和妈妈恋爱的把柄，并得意地等着父亲妥协："太小？爸爸，我已经是19岁的男子汉了，而你当年只有17岁不就和妈妈相爱了？"

"你说的没错。可是你知道吗？我17岁时已经在葡萄酒作坊当酿酒师了，每月能拿二万里拉。我是说，我当时已经能够为爱情埋单。可你现在一个里拉都挣不到，凭什么心安理得地谈恋爱？"

帕慕克一声不吭。父亲继续说："奥罕，你想想看，一个男人，如果没有经济基础，不能为他的爱人提供必要的物质保障，如果你是女孩，你会怎么看待这样的男人？儿子，我告诉你，我一直认为，一个男人，如果不能自食其力，哪怕他40岁甚至50岁，都不配谈恋爱，谈了，就是早恋……相反，只要他立业了，有了挣钱养家的本事，哪怕15岁恋爱也不算早恋。"

成名后的帕慕克多次提起这件事，并坦言感谢父亲当年"温柔地扼杀了一种愚蠢而羞赧的情绪"，让自己没有虚度青春年华。

父母有责任帮助孩子把握交往的对象，并教会孩子处理这种关系的具体策略。孩子如果交了一个家庭和睦、学习好的孩子，双方交往可能对学习还有促进作用。但如果孩子交了不爱学习的朋友，无一例外，学习都会退步。可以先了解一下："有人开始追求我女儿了，做妈妈的很高兴，但是我不清楚他是个什么样的，你是怎么来处理这种情感的？"出于对父母的依赖和取得谅解的考虑，相信孩子不会隐瞒双方的交往。

可以鼓励孩子在学校多交往、多交流学习上的问题。因为在学校有老师，孩子之间相互聊聊天，缓解一下学习的压力，有一点亲密感，是有益于学习的。如果放学后男孩再相约活动的话，要了解一下活动的地点场合，保证孩子的安全。

59 棘轮效应
怎样培养孩子的金钱观念

孩子越早接触金钱观念，就越能在长大后比其他孩子有金钱责任。

亲爱的心理学家：

　　您好。我儿子今年14岁了，最近因为压岁钱与我吵了一架。按照传统习俗，元宵过后，他把亲友给的红包拆封点算，然后上交给我，由我保管。但他今年却拒绝"上交"，并且提出要求："以前压岁钱都要存起来，今年我要自己支配，先买一个iPad2，剩下的钱再请几个好朋友吃一顿。"

　　为此，元宵节晚上，他和我唇枪舌剑辩论了近3个小时。面对一年一度的最大笔收入压岁钱，孩子欢喜我却发愁，不知道应该怎样教他合理地花钱。对于连钱的概念都不清楚的孩子来说，有什么办法让他不要这么大手大脚呢？

　　　　　　　　　　　　　　　　　　　　　——一个苦恼的母亲

亲爱的朋友：

　　在这个世界上，"金钱不是万能的，但没有钱是万万不能的"。这句话虽然语近调侃，但反映的却是我们和孩子都需要面对的现实。不过，并不是每一位父母都能意识到孩子理智花钱的好处。说起来，这方面的能力，真的可以帮助孩子避免很多高昂代价呢。

　　前几年一度流行的一句口号"再穷不能穷教育，再苦不能苦孩子"，相信被不少人当成向孩子敞开钱包的理由。只要孩子说一声"要"，父母就给他们买，这并不是一件好事。不过，无论我们拥有多少财富，一定要让孩子明白应该怎样看待和使用金钱。

经常有父母问，到底什么时候应该让孩子接触金钱观念呢？研究表明，其实孩子3岁时就能学点钱的知识了。还有学者的答案是：当小孩会说"给我"这个词的时候就可以开始教了。

孩子越早接触金钱观念，长大后越能比其他孩子有金钱责任。美国威斯康星大学麦迪逊分校的教授凯伦·霍顿指出：小孩子养成良好的理财习惯，并不需要多强的数学能力。他们只需要理解那些基本但很重要的概念就行了。

其实孩子出生时，金钱就已经与他们扯上了关系。当孩子看见父母为各种项目付费，并且开始用钱在报摊或便利店进行消费，就已经模糊地了解了金钱的力量——它能满足生活上的一切需要。

对一个孩子来说，他需要从小知道金钱观念包括四个方面：收入、支出、财产与负债。

即使是美国财富的标志洛克菲勒家族，也从没放松对孩子的教育。

小洛克菲勒有5个孩子，从7岁开始，他们每周只可以领到三角钱"津贴"，但必须分成三部分：自己花、储蓄、施舍。每当孩子领津贴的时候，小洛克菲勒还会给他们发一个小账本，让他们用来记载每一分钱的用途和时间，因为每项开支都要有理由。周末进行检查，如果哪个孩子漏记了一笔账，就罚他5分钱。而记录无误的那个，则可以得到5分钱的奖励。

为每个消费项目做记录，其实就是预算消费的起步。孩子一般喜欢模仿父母，开始时，可以让他观察大人是怎样把消费项目一笔笔地记录下来。

俗话说"喊破嗓子，不如做出样子"，一个好榜样是至关重要的，如果父母没有金钱纪律，孩子就不可能会有金钱观念。同样的道理，若父母没养成

消费的预算习惯，孩子不可能会做同样的事情。

在消费心理学中，有一个著名的"棘轮效应"。它是指人的消费习惯一旦形成就具有不可逆性，而且很容易向上调整，不容易向下调整。特别是在短时间内，即使收入水平下降，消费是不可逆的，其习惯效应非常大。

明白了这一点，也就知道了何以要教孩子学习区分需求、欲望和愿望，为未来明智消费观念做准备。

在给孩子日常的零用钱时，必须对用钱的项目加以明确，并说明对消费项目的标准和衡量，而且孩子也要认同这些项目和标准。比如，说好是用于午餐钱和车费，但发现他不吃午餐或者走路回家，就需要了解他省钱的目的。

孩子如果有其他消费要求，也需要量入为出，有所规范。特别是大笔的消费开支，必须和父母商量。如果得到认同，可以支付全部或部分费用。在孩子要用自己的零用钱和储蓄进行支付时，也要求他必须有适当合理的安排，比如购买Ipad或LV包是否合理。

富兰克林·罗斯福是美国历史上唯一一连任四届的总统。他不仅治国有略，而且教子有方。在钱财的支配上，他绝不让孩子放任自流。

有一次，他的一个儿子在一次旅行中买了匹好马，却没有了回程的路费，便打电话要求父亲帮助。父亲回答说："你和你的马游泳回来吧！"最后，儿子只能卖掉马，买票回家。从此，他记住了不能无计划用钱的道理。

对于不必要的消费，不要告诉孩子付不起钱，而一定要提醒孩子权衡它的价值。如果你告诉孩子你买不起，那么下次孩子看见你买其他贵重的非必需品时，就会困惑。

可以从定期给孩子的零用钱或者压岁钱中强行扣下一部分用于存款，从先期的强迫到孩子自愿，每次都存一部分，帮孩子树立起将可支配收入分成储蓄和消费两项进行管理的理财理念。注意：不要拒绝孩子需要支取部分存款的需求——这样可能导致他们再没兴趣存钱。

要告诉孩子理财相对于消费的意义。你可以解释和演示存钱能赚取利息的过程。让孩子在银行开个户，存一些钱进去，然后通过计算利息，来认识钱在复利的基础上能快速积累。

可以尝试让孩子记一些自己要达到的财务目标，以培养他们的独立性。孩子自己做出的消费决策无论是否合理，都能从中受益，几乎每个玩具都能成为他们所努力的目标。

一位神父到了天堂，发现天堂的一隅堆积了各式各样的礼物，从豪宅名车到钻石，应有尽有。神父问："这些礼物为什么没有主人？"

圣彼得答："因为人们祈求了，上帝也应许了，可是人们往往等不及就改了愿望，于是这些礼物也就永远送不出去。"

> "因为人们祈求了，上帝也应许了，可是人们往往等不及就改了愿望，于是这些礼物也就永远送不出去。"

> "这些礼物为什么没有主人？"

在孩子足够大的情况下，禁止他申办信用卡反而可能激起他的逆反心理，可以为他申办一张信用卡副卡（主卡当然由父母持有，主卡可限制副卡的消费金额），以培养孩子先消费后还款的理财理念。

当然，你也可以告诉孩子你做了哪些投资，告诉他什么叫"资产配置，分散风险"，比如你买黄金和房地产并在银行有定期存款，是为了让资产更安全。也可以向他解释投资股票的好处，以及股票是如何运作的，甚至可以让他参观一下你买卖股票的操作。

另外，在孩子的理财课堂中，不可缺少义务与慈善的元素。在体验理财的同时，也能让孩子学习承担社会责任。

如果你的孩子对数字特别敏感，并且对投资了解得比你还清楚，那么，为什么不考虑把他培养成下一个索罗斯呢？

60 爱抚效应
孩子害怕打针怎么办

对于孩子来说，与孩子身体的接触可以帮助他减轻对疼痛的感觉。

亲爱的心理学家：

您好。我儿子已经4岁了，平日里是个很乖的宝宝，吃饭睡觉表现都挺好的。可是，每次打预防针的时候，就像变了一个孩子似的，不停地哭闹挣扎，需要我和护士两个人摁住他，另一位护士阿姨才能把针扎进去。

有时候还因为挣扎得太厉害，甚至要补上一针。我越跟他说"不疼"、"别怕"，他越是哭得起劲。我有些不明白，打个针能有这么疼吗？有什么办法不让他不这么怕打针吗？

——为孩子怕打针而烦恼的母亲

亲爱的朋友：

您好。你的心情我是理解的，但是你要从孩子的角度来理解打针。在很多孩子的眼里，最恐怖的事情莫过于打针了。

不要因为其他孩子打针不哭不闹，就觉得自己的孩子是在小题大做。作为成年人，你或许对打针的疼痛无动于衷。但是每个人对疼痛的忍耐力是不同的，而大人和孩子对疼痛的敏感度尤其不一样，幼小的孩子触觉神经非常敏感，针扎入皮肤的痛觉印象强烈，他自我缓解的办法就是大哭。对此，父母不要认为孩子对打针的恐惧有些夸张，而要认可并理解他的疼痛。

孩子打针的时候，很多大人会安慰他说："不疼不疼，一点都不疼。勇敢点儿。"这样说，会使孩子很矛盾。他也许会想：分明就是很疼，大人为什么非要说不疼呢？这会妨碍孩子对外部世界的信任感。

来自身体的疼痛，其实是一种需要关注的信号。如果一个孩子在表达他身体或者情感上的不适，旁人却总是加以否定，他会觉得有这样的感觉是不安全的，是不被接受的，自己不该有这样的感觉。

也就是说，会传递给他一个明确的信息：他的身体并不可靠。渐渐的，孩子学会了调整与顺从，对身体的信号变得越来越麻木，也误导和扭曲了自己真正的需求与期望。

这种负面的影响，对于孩子来说意味着巨大的损失，他们失去了自发的自我表达能力，最简单的快乐也随之失去了。

甘地夫人的儿子拉吉夫12岁时，因病要做手术。面对紧张、恐惧的拉吉夫，医生开始像往常一样，说一些善意的谎言：手术并不痛苦，也不用害怕。

可是，甘地夫人却马上阻止了医生。她平静地告诉拉吉夫：手术后有几天会相当痛苦，这种痛苦谁也不能代替，哭泣或喊叫都不能减轻痛苦，可能还会引起头痛，所以你必须勇敢地承受它。手术后，拉吉夫没有哭，也没有叫喊，而是勇敢地忍受了这一切。

疼痛作为一种感觉，其实是身心综合作用的结果。我们在无法改进医生打针技术的前提下，就要从心理上想办法减轻疼痛和因疼痛带来的恐惧。

首先，不要用"不疼"、"不怕"这些表达去否认孩子的感觉，也不要太多地运用比较的方法，比如说："你看别的小朋友打针就没有哭。"要让孩子知道，打针感到疼痛和害怕都是正常的，这些是被允许的。这个时候您最好说："是的，是有些疼，妈妈知道了。"

其次，要提供给宝宝更多支持性的抚慰，而不要利用打针这件事吓唬孩

231

子，更不要嘲笑他，说类似于"你瞧瞧你，还男孩呢，哭得就像个小妹妹一样"的语言。

在打针之前，妈妈拉着孩子的手，亲孩子几下，轻轻捏一下宝宝的小鼻子，再轻拍一下他的脸蛋，或者哼唱平时能给孩子带来安抚的歌曲，让他感受稍稍的随意和放松。要知道，他的肌肉越是绷紧，打针也就越疼。

美国加州大学几名心理学家组织了一次有关疼痛的实验，参与实验的25名志愿者，主要由与男友保持6个月以上良好关系的学生组成。实验中，让志愿者接受"中度痛感热刺激"，"热刺激"仅持续1/10秒，以制造一种"强烈刺痛感"。她们同时或者握着男友的手，或者握着陌生人的手，或者只攥着一个球。

志愿者们声称，受到同等热刺激时，握住伴侣的手比握住陌生人或攥球时痛感要轻。也就是说，与男友牵手有类似麻醉的作用。对于孩子来说，与孩子身体的接触可以帮助他减轻对疼痛的感觉。在心理学上，这被称为"爱抚效应"。

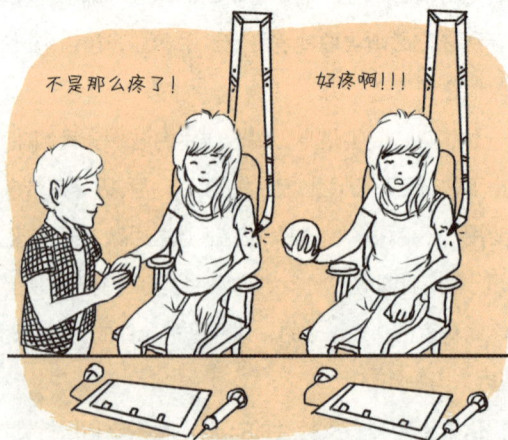

第三，手臂交叉，有助于减少疼痛的感觉。

伦敦大学学院的学者发现，当人们的手交叉到身体其他部位，来自多个区域的信息的处理受干扰而使大脑混淆，而感觉手上的痛感更轻。这是由于大脑的外部映射通常会假设手会在相应的身体一侧，这就和疼痛来源的内部映射之间发生了错位。这样，大脑在处理疼痛等感官刺激时效率有所下降，疼痛的感觉也就有所减轻。

不过根据研究，这个方法只对5岁以上的孩子有效。

第四，在打针时看着自己被"扎"的情景，有助于缓解痛感。

伦敦大学学院和米兰比可卡大学的学者在18个志愿者手上用热探针进行测试，结果发现，比起那些面对着木板的志愿者，能在镜子·中清楚察看自己手部状况的志愿者，所感受到的痛感更轻。不过研究也说："我的建议就是看着你的胳膊，别看针头——如果可能的话。"

最后一点，也是十分重要的一点，那就是父母要先调整自己的情绪。

在打针的过程中，父母首先要做到镇定。孩子能够从大人的气味、体温、呼吸的节奏、皮肤的感觉中获得安全感，如果这个时候你本身很焦虑，那么你的气味、呼吸的频率都会改变，这会无形中增加孩子的恐惧心理。

让我们来看一位幽默的父亲是怎么安慰儿子的。

父亲陪着儿子去打针，孩子看护士给他做准备工作，就问："打针前为什么要擦棉球？"父亲说："那是酒精，先把你的屁股擦醉了，再打针就不痛了。"

正说话，针已经扎进去了，儿子："哎呀，可是我还是很痛呀！"父亲笑着说："那是因为你屁股的酒量好啊！"

61 瑜亮情结
孩子嫉妒心太强怎么办

当孩子被嫉妒心所困扰时，如果帮助他适当调整自己的心理，其消极作用就会比较微弱和短暂。父母切不可火上浇油，强硬批评和指责。

亲爱的心理学家：

您好。我儿子今年10岁了，人很聪明，可是对别人的优点和长处总是不服气，看到比自己强的小朋友就生气。

有一次，我带他到同事家玩，他和同事的孩子到院子里玩皮球，回来时，我批评他说："你身上怎么那么脏？你看弟弟的衣服干净多了。"儿子很不高兴地"哦"了一声。同事给他们每人一根巧克力冰激凌，我发现他吃完后，趁小弟弟不注意，悄悄用沾着巧克力的手在他身上摸了几下。

碍于面子，我忍住没有发作。吃完饭后，弟弟拿出一本故事书，却掉在了地上，我儿子不但没有帮他捡起来，反而装作没看到，走过时在上面踩了一脚。书被踩脏了，小弟弟哭起来。

我狠狠地批评了儿子，可是他却表现得十分漠然，一副无动于衷的样子。我很担心，但又很无奈，很想知道应该怎么教育儿子，才能不让他的嫉妒心这么强。

——一个母亲

亲爱的朋友：

您好。好胜心是要求进步、不落人后的一种心理，人人都有好胜心，这是可以理解的。但是麻烦的是，好胜心又经常会和嫉妒心纠结在一起。

嫉妒是发现自己在某些方面不如别人，从而产生的一种由羞愧、恼怒、怨恨等组成的复杂情绪状态，常与羡慕、竞争等心理混在一起，就是人们经常说的"羡慕嫉妒恨"。

古埃及有这么一则寓言，小鸟儿问："爸爸，人幸福吗？"

鸟爸爸答："没咱们幸福。"

小鸟儿问："为什么？"

鸟爸爸答："因为人心里扎了根刺，这根刺无时不在折磨着他们。"

小鸟儿问："这刺叫什么？"

鸟爸爸答："叫嫉妒。"

在三国时，周瑜和诸葛亮曾联手抗曹，但在整个合作过程中，周瑜嫉妒诸葛亮，时刻想干掉这位"神得近乎妖"的军师。后来周瑜屡次输给诸葛亮，羞愤成疾而死。这位杰出的将才，在临终时大呼"既生瑜，何生亮！"。后来，人们便把相互嫉妒的心理现象称为"瑜亮情结"。

其实，嫉妒也分不同的种类。荷兰蒂尔堡大学的心理学家尼尔斯·范德温（Neils van de Ven）、马塞尔·泽兰伯格（Marcel Zeelenberg）和瑞克·皮特斯（Rik Pieters）对嫉妒问题进行了研究，发现嫉妒可分为两种：善意的和恶意的。

善意的嫉妒，就好像孩子听说纳尔逊·曼德拉得了诺贝尔和平奖，然后决定向他学习，改善自己的品性；而恶意的嫉妒，就像他去参加同学聚会，然后发现他小学时不屑一顾的那个同桌，现在是全国闻名的小发明家，专利收入已经足以买下好几幢大楼，他恨不能同桌立刻变成白痴。

人们知道恶意嫉妒是不被社会所接受的负面情绪，一般不会直接表露出来，但可能与其他情绪混合在一起。它显露出来的行为是挑剔或散布不良言论，严重者可能还出现人身攻击、诬陷、诽谤，使被嫉妒者感到压力或痛苦，而嫉妒者则以此求得心理平衡和满足。

据美国儿童心理学家斯坦贝格的研究，嫉妒感可能最早出现在学步前的婴儿期。到学龄前的五六岁时，嫉妒会更频繁地升上心头。上学以后，由于和小朋友进行多种"比较"的机会骤然增多，他们可能会遭到更多的嫉妒的折磨，只是随着年龄的增长，渐渐学会"掩饰"自己的嫉妒感。不过，绝大多数10岁以下的孩子，仍会表现出较明显的嫉妒情绪。

针对孩子的嫉妒心理，斯坦贝格建议，当孩子显露出其"丑陋"的一面时，不必严加批评指责，更不能冷嘲热讽，因为这只能使他更多地丧失自我，更严重地陷于嫉妒中难以自拔。

孩子的嫉妒往往是无意识的，还没有形成稳固的习惯，它是孩子想胜过别人但又不知道怎样采取正确方法的结果，家长要善于理解孩子的这一心理特点，与孩子平静地交流，询问引起他嫉妒的"背景"，引导他理清自己的想法并观察到自己的情绪。

倾听的时候，不妨把孩子抱在怀中。他也许会描绘说，他正体验着强烈的不快甚至愤怒，而这种敌对情绪的起因仅是他的弟弟刚刚因为没弄脏衣服而得到表扬。这时你不要说"其实你比他更乖更聪明"，这在多数情况下不仅于事无补，而且还可能诱发他的攀比欲。

其实，孩子妒火中烧的时候，最需要的是向亲人将自己的不安和烦躁和盘托出，希望有人能倾听他的诉说，并理解他、体谅他。你不必加以评论，可以轻松地说："呀!我还以为有什么大不了的事呢!"你的轻松和微笑可以有效地使孩子控制住自己的嫉妒心，缓和他强烈的情绪。

或许，孩子时不时冒出的嫉妒之火，很难被扑灭。但正如上文所讲，你可以把恶意的嫉妒转化为善意的嫉妒，转化为激励他前进的动力。

孩子因为得不到表扬而破坏弟弟的形象和物品时，可以对他说：我知道你也想干干净净得到妈妈的表扬，如果你稍微注意一下，同样可以做得很好，既能玩得高兴，又不能把衣服弄脏。只要做到这一点，我就表扬你；你把弟弟弄脏了，不会得到妈妈的表扬，如果你现在把弄脏的地方再变干净，妈妈就会表扬你。

当孩子意识到错误并加以改正后，自然也就不会弄脏衣服而引发一系列不愉快了。

除了上面几点，家长也要以身作则。有研究指出，生活在充满嫉妒心的家庭里的孩子，嫉妒心也往往比较强。作为父母，切不可在同事加薪或挚友升职时，出于嫉妒而对他们冷嘲热讽甚或恶语中伤。这些孩子看在眼里，就是一个坏榜样。连古人都批评这种做法："闻人善，辄疑之；闻不善，辄信之，此满腹杀机也！"

特别是当孩子说同学获得什么奖励、取得什么成绩，家长不要立即批评自己的孩子不聪明不努力，也不要吹毛求疵地找出那个同学的不足来平衡孩子心理，而是要先鼓励孩子接纳和欣赏别人，并用某种方式为别人喝彩、祝福。教孩子能"闻人之善"进而"成人之美"，是使其融入社会的一个重要方法。

当我们的孩子正在被嫉妒心所困扰时，如果帮助他适当调整自己的心理，其消极作用就会比较微弱和短暂。父母切不可火上浇油，强硬批评和指责。这只能强化这种情绪的影响，给他的生活、学习和交往带来更多的消极影响。

62 钝感力
孩子性子太慢怎么办

钝感力可以使人迅速忘却不快之事、坦然面对流言飞语、面对表扬不会得意忘形、对嫉妒讽刺常怀感谢之心，以及认定目标即使失败仍要继续挑战。

亲爱的心理学家：

您好。在生活中，我是一个做事干净利落、从不拖泥带水的人。可儿子却是个典型的慢性子，穿衣服、吃饭、写作业，样样事都磨磨蹭蹭、拖拖拉拉，不仅没半点像我，简直就是我的冤家。刚上幼儿园时，老师就反映说，他在幼儿园做什么都慢，吃饭慢、脱衣慢，穿衣也慢，画画的老师说他总是再后一个才交画……真是晕倒！

他的一举一动让我急得忍无可忍，真的很想知道儿子为什么会这么慢？我特意在网上搜资料，但是各种说法都有。我想知道，对慢性子的孩子有什么办法改造吗？

——一位束手无策干着急的家长

亲爱的朋友：

您是位急性子的家长，所以才会觉得孩子的慢性子不可接受。你们母子再次证明，每一个慢性子的孩子背后，总有一个急性子的焦虑母亲。

不过，孩子和父母一样，也有自己的精神类型和气质特征，而且一般来说都是先天性的，所谓"江山易改，禀性难移"。如果孩子是慢性子，没有必要费劲地"移秉性"，而要针对孩子的个性进行教育。

在这一点上，孔子给我们留下了一条很好的经验。

有一次，学生子路和冉有同时问孔子："听到道理后是否马上去实行？"孔子回答子路说："你有父兄在前，怎么可以听到就去做呢？"

而对冉有则说："听到后应该马上就去做。"

学生公西华不明白，为什么同样的问题孔子却给出了不同的答案。孔子解释说："冉有是慢性子，做事太谨慎，所以要进而加以鼓励；子路性格急躁好胜，所以要退而制止。"

后人评价这个故事说："孔子教人，各因其材。""因材施教"一词正是由此而来。所谓"因材施教"，就是在教育的过程中，根据孩子的年龄特征和性格差异，有的放矢地区别对待。

有家长或许会说，在快节奏的今天，慢性子的孩子怎么可能竞争过急性子的孩子呢？

实际上，这又是一种很不全面的观点。急性子、慢性子各有优缺点。

日本作家渡边淳一曾经发明过"钝感力"一词。钝感是人的动作活动反应慢度的标尺，是用来描述人活动速率的。钝感与"敏感"意思相对，词性相同，两者互为反义词。不用说，慢性子的人钝感力强，而急性子钝感力弱。

按照他的解释，"钝感力"可直译为"迟钝的力量"，即从容面对生活中的挫折和伤痛，坚定地朝着自己的方向前进，它是"赢得美好生活的手段和智慧"。他说："钝感虽然有时给人以迟钝木讷的负面印象，但钝感力却是我们赢得美好生活的手段和智慧。"

清代中兴名臣曾国藩就是一个十分"钝拙"的人。他是典型的黏液质性格。这种人的特点是反应缓慢，行动拘执。一个秀才的功名，他前后足足考了七次，直到23岁时才考中。而左宗棠15岁就一考成功。梁启超说："文正（曾国藩谥号文正）固非有超群绝伦之天才，在并时诸贤杰中称最钝拙。"

曾国藩自己也说:"余性鲁钝,他人目下二三行,余或疾读不能终一行。他人顷刻立办者,余或沉吟数时不能了。友人阳湖周恺南腾虎,尝谓余儒缓不及事。余亦深以舒缓自愧。"

在曾国藩的家乡,流传着这样一个笑话。曾国藩少年时在家读书,一个小偷藏到了书房的梁柱上,希望等他睡觉后再偷窃。可是曾国藩一篇文章重复读了不知道多少遍,还在反复地读。小偷左等右等,忍无可忍地跳下来说:"这种笨脑袋读什么书?"

说完,小偷流利地把那篇文章背诵了一遍,转身扬长而去。原来,他在梁上听曾国藩读,已经把文章背下来了。但是,慢性子的曾国藩37岁官至二品,是当时汉人中升迁最快的。后来又被封为一等勇毅侯,成为清代以文人而封武侯的第一人。

所以,不论孩子是慢性子还是急性子,都不会影响他未来的成长和成功,要尊重他的身心特点。孩子不是橡皮泥,不要急于主观地去"改造",这样做不但难以奏效,往往还会产生副作用。

当然,尊重并不是听之任之。在尊重孩子、宽容孩子的前提下,要避免孩子形成办事拖拉磨蹭的习惯。

有个笑话说,有个慢性子人和朋友围着火盆烤火。他看到朋友的衣角被炉火烧着了,便慢吞吞地说:"有件事,我早看到了,想告诉你,又怕你性子急;不告诉你呢,又恐怕你受损失。你看,我是告诉你呢,还是不告诉你?"

朋友问:"什么事呀?"

他答道:"你的衣服烧起来了。"

朋友一看,衣裳已烧了一个大洞。他一边扑火,一边怒气冲冲地说:"你为什么不早说?"

慢性子说:"我说你性子急,果然不错。"

　　我们如果把慢性子比做步枪，那么急性子就是机关枪，您对孩子，只要把他培养成半自动步枪，提高他的做事效率就行了。而且，不要急于求成，要坚持加等待，同时讲究一些策略。

　　《韩非子》上讲了两个不同的策略：西门豹之性急，故佩韦以缓己；董安于之性缓，故佩弦以自急。

　　战国时，魏国的西门豹是个急性子，所以身上配着质地柔韧的熟牛皮，来告诫自己不要急躁。董安于却是个慢性子，所以佩带一根紧绷着的弓弦，来警戒自己不要犯慢性病，这就是"佩韦佩弦"的典故。由此可见，针对不同的性格，都可以采取不同的策略。

　　不妨让慢性子的孩子结交急性子朋友，同伴的影响既自然又有渗透力，比父母的说教要强得多。如果拖拉磨蹭导致做事效率低，还可以让孩子尝一尝自己行为的苦头。

63 羊群效应
孩子没有主见怎么办

聪明的父母会在孩子不成熟的想法里，引导他发现其中的问题，使他们尝到独立思考的乐趣。

亲爱的心理学家：

我的女儿10岁了，可我发现她很没有主见。比如，有一次我带她去书城买书，女儿很想买个"小魔仙"的玩具。我跟她说："那个东西没多大用处，你玩两天就扔在家里了，你说买它值吗？"女儿马上就说："那不买了。"

昨天放学时，女儿在卖雪糕的冰柜前抬头看着我说："爸爸，你说我吃绿色心情呢，还是就买个小布丁好呢？"

我这才意识到问题有点严重。仔细想想，女儿真的从小就是别人说什么她也跟着说什么，别人做什么她也跟着做，总是跟在别人后面。不管征求她什么意见，都是一句随便作答。女儿没有主见，长大怎么办啊？请问这是怎么造成的？有什么办法改善吗？

—— 一个焦急的父亲

亲爱的朋友：

您好。你所说的情况在今天的孩子当中很普遍。我们都在思考，但并不总是善于思考。人云亦云，从众跟风，归根结底就是缺乏独立思考的能力。这种现象，在思维能力尚不发达的孩子当中，尤其多见。

那么，又是什么原因，使我们的孩子失去独立思考的能力，没有任何

"个人看法"了呢?

首先是今天的教育体制,它以应试为目标、以考试成绩作为衡量学生的唯一标准,它的最大问题就是不承认独立思考。原因很简单,只要是考试,就要有标准答案,只要与标准答案不符,即使学生答得再有创造性,也不可能得高分。

从报纸上看到一则小故事,说的是法国有个教育代表团到北京的一所小学考察。他们偶然看到,考试卷中有这样一个问题:"雪融化了以后是什么?"

其中一个学生的答案是:"雪融化了以后是美丽的春天。"

但是,这个答案却被老师判了个大大的"×"。

雪融化了以后变成水是科学的结论,也是标准答案。但是,雪融化了以后是美丽的春天却是哲学的感悟。孩子挑战标准答案时,这种独立思考的精神遇到的却是当头一棒。如果再多挨这样几棒,孩子还有什么独立思考能力呢?恐怕连独立思考的习惯也丢掉了。

其次是父母过于强势和大包大揽,导致孩子没有思考的机会和空间。

很多父母在日常生活中对孩子的口头禅是:"你这样不行!""我说的话没错,你得听我的!"他们认为,帮助孩子想问题做决策,包办一切事情,目的是为了给孩子做出正确的选择,省得他们走弯路。但是人生的路终归是要让他们自己去走,弯路是一定会走的,只有自己做出选择,他才能学会更聪明地决策。

这就好比是在外吃快餐和做饭。父母提供的决策就像是快餐,孩子只需要坐下用餐,什么都不管就可以吃饱。它的优点在于简单、方便,但孩子并没有从中得到多少营养。而让孩子自己拿主意并决策,就像是在家做饭一样。他必须花时间努力学习烹饪、准备材料、清洗餐具,但是一旦做好,不仅质量高,而且还掌握了烹饪技巧,在以后可反复施展,所以更具有长远的价值。

毋庸置疑，拥有独立思考能力的孩子将来更易生存。但是这种能力是无法教授的，必须由他自己在实践和练习中获得。

再次，是社会压力导致从众心理。当孩子受到群体的影响时，就会怀疑和改变自己的观点，违心地和他人保持一致。

1951年，美国心理学家所罗门·阿希（Solomon E·Asch）让一些大学生做被试，告诉他们实验的目的是研究人的视觉情况。

来参加实验的大学生走进实验室，发现已经有5个人先坐在那里了。他不知道，这5个人是实验中的"桩脚"，也就是所谓的"托儿"。

阿希拿出一张画有一条竖线的卡片，然后让大家比较这条线和另一张卡片上的3条线中的哪一条线等长。这些线条的长短差异很明显，正常人是很容易做出正确判断的。然而，在两次正常判断之后，5个"桩脚"故意异口同声地说出一个错误答案。于是，许多被试开始迷惑了。他们会如何判断呢？

判断共进行了18次。从总体结果看，平均有33％的人判断是从众的，有76％的人至少做了一次从众的判断。而在正常的情况下，人们判断错的可能性还不到1％。

研究发现，影响从众的最重要的因素，是持某种意见的人数多少，而不是这个意见本身。人多本身就有说服力，很少有人会在众口一词的情况下坚持自己的不同意见。我们生活中经常说"群众的眼睛是雪亮的"、"木秀于林，风必摧之"、"出头的椽子先烂"，其实这些教条，恰恰导致孩子丧失独立思考能力，制造了一个巨大的"羊群"。

法国儿童心理学家让·皮亚杰说："教育的目的在于培养可以创造新事物的人，而非重复上一辈已经做过的事。这些人应该具备创造力、开拓性，并善于发现。"

要让孩子有独立思考的能力，有自己的主见，就必须教给孩子推理思考，

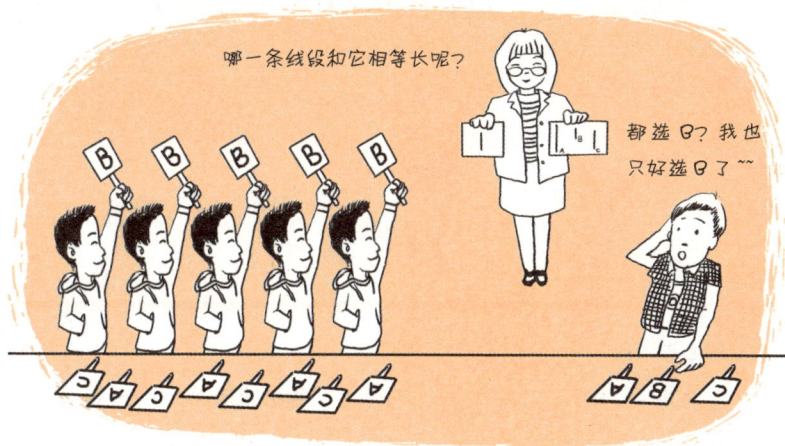

而不仅仅是简单的答案。

有时候，大人未必比孩子更聪明，也未必比孩子更明白面对的情势。对于孩子的正确意见，父母应该肯定和表扬，让孩子增强发表意见的信心。如果孩子的意见是错误的，父母也不要急于插嘴，而应让他说完，然后再说"我觉得这样不太好，因为……"即使孩子的想法是天真的、幼稚的，甚至是可笑的。聪明的父母会在这些不成熟的想法里，引导孩子发现其中的问题，使他们尝到独立思考的乐趣。

在日常生活或游戏中，孩子不管遇到什么问题，父母一定要耐心，不要马上帮孩子解决问题，而是应该鼓励孩子自己去思考，让孩子去体验思考的乐趣。如果孩子实在想不出来，就给他一点提示，然后鼓励他多方面地去尝试。孩子自己想出办法，会有一种成就感，这会让孩子终身受益。

让孩子做一个独立思考、头脑清晰、思维敏捷的人，他一定能给自己创造一个机会无限的世界。

64 21天法则
孩子小动作多怎么办

人的行为暗示，经21天以上的重复会形成习惯，而90天以上的重复，会形成稳定的习惯。

亲爱的心理学家：

我的儿子今年7岁了，是一年级的学生，性格很活泼，但在学习表现上却让人欲哭无泪。他写作业时小动作特别多，总是东摸西碰，一会儿玩橡皮，一会儿吃铅笔，要么咬手指，而且写一会儿就起来溜达一圈，到处摸摸看看。

老师也反应他上课时经常捣乱，一会儿拽别人的头发，一会儿拉别人的衣服，影响课堂秩序。为此，他还挨过我的揍。我想请问一下，孩子小动作多是什么原因造成的？有什么办法纠正吗？

——一个年轻的父亲

亲爱的朋友：

您好。小动作有多种原因，其中分为生理性和心理性。我们要正确区分这两者，然后对症下药。

活泼好动是孩子们的天性，活泼的孩子才是健康的孩子。他们正处在身体快速成长的时期，骨骼和肌肉的耐力都比较弱，而神经系统兴奋强于抑制，表现为活泼好动、精力充沛。在这种情况下，出现小动作是在所难免的。

不过，随着年龄的增长、自我控制能力的增强，这种好动将逐渐趋于平稳，所以不必如临大敌。

从心理性成因来说，小学生年龄小，注意力不稳定、不持久，无意注意占优势，有意注意在发展之中。而且，他们经常会因为学习的压力或者环境的变化，产生焦虑、紧张的情绪，这时如果手中有东西把玩，会有一种安全感。

出于紧张情绪，孩子自己控制不了小动作。而孩子在课堂上给别的同学捣乱，是因为他想唤起别人的注意，缓解紧张的情绪。时间久了，自然会对这种动作产生心理依赖。

由于孩子的控制力比成人差，所以"打骂"和"说理"都解决不了这个问题。

解决的有效办法是训练。因为孩子的一切能力都是训练出来的，也都是可以通过训练得到提升的。

著名教育家曼恩说："习惯仿佛一根缆绳，我们每天给它缠上一股新索，要不了多久，它就会变得牢不可破。"这个比喻非常形象。小动作如果开了头，每重复一次，绳子就会粗上一些，要改掉就更加困难了。而反过来，我们要像拆散绳子一样，巧妙而耐心地帮助孩子克服小动作。

在训练之初，要允许孩子有适度的小动作，并鼓励他慢慢减少。这就和开车一个道理，想要把车平稳停下，最好的办法是先把挡从高速挡减到低速挡，然后再慢慢停下。

据研究，大脑构筑一条新的神经通道需要21天时间。所以，人的行为暗示，经21天以上的重复会形成习惯，而90天以上的重复，会形成稳定的习惯。

第一阶段：1~7天，必须不时提醒孩子注意改变，并刻意要求改正小动作。因为稍一不留意，毛病就会浮出水面，让他又回到从前。也许他会感到很不自然和不舒服，然而这种感觉是正常的。

第二阶段：7~21天，孩子已经觉得比较自然、比较舒服了，但不可大意，稍不留神坏毛病还会再来破坏，让他回到从前。所以，要继续刻意提醒和要求他。

第三阶段：21~90天，这一阶段是习惯的稳定期，它会使新习惯成为孩子生命的一部分。在这个阶段，他已经不必刻意要求自己改变坏毛病。

美国著名家庭教育学家皮莱特（John M.Platt）在一本讲家庭教育的书里，回忆了童年时母亲如何杜绝他玩火柴的瘾头。她把家里一切要点火柴的活儿都留给他干，无论他是在入迷地看书，或在院子里玩得忘我，还是在街上和小朋友兴致勃勃地玩，他母亲都把他叫来，要么点炉子，要么点烤箱，要么点蜡烛……当然，母亲总是在一旁看着并指导他。

不出两个星期，小皮莱特对点火柴这事儿厌烦得不得了，更别提偷偷去玩它了。

皮莱特长大以后成了家庭教育咨询专家。有一次，一位母亲向皮莱特请教，如何改变孩子吸吮手指的坏毛病。他告诉这位母亲，给孩子每天设定20分钟的时间，让孩子放学后可以自由地吸吮手指，但其他的时间则不允许。

一开始，孩子每天都会在放学回家后的那20分钟里自由地吸吮手指，吸得津津有味、啧啧有声。不过有一天，他正吸吮时，突然与父母的视线相遇，脸一下就红了，然后就笑了，他父母也跟着笑了。就这样，孩子改正了他吸手指的毛病。

对孩子真正的教育是自我教育，真正的控制是自我控制。只有通过训练，调动起孩子的自信心和自控力，他才能发自内心地愿意接受建议。

需要注意的是，在孩子做作业的过程中，如果遇到不会做的题目喜欢拿去问父母，问完之后再接着写作业，刚坐下没多久又遇到不会做的题目了，又拿去问。这样来回折腾，不仅打断孩子做题和写作业的思维，而且影响孩

子专心程度，小动作自然就多！

　　最好能教孩子如何调换顺序做题，遇到不会做的题目，可以先做其他的题目，最后再做不会的题目，这样就可以节省时间，也不会打断孩子的思路。

　　另外，要多给孩子贴"正向标签"，及时指出孩子做得好的一面，比如："今天注意力比昨天集中多了，玩东西的次数少了。""今天又有进步，在做数学作业时，我看到足足有20分钟在认真做题，一点小动作也没有"……

　　正面挖掘，会激发孩子做得更好的动力。相信只要方法得当，孩子一定会变成一个沉着稳健和注意力集中的好孩子。

65 自我中心化
孩子很自私怎么办

小孩有权处理自己的东西，分享是他的优点，不分享不是不对，抢别人东西才是不对。所以我们教他分享的好处，让他知道分享是一件快乐的事，自私的人很难交到朋友。

亲爱的心理学家：

您好。我的儿子今年4岁了，各方面都挺好，就是不懂得分享，表现得很自私。有一次，亲戚的小孩来家里玩，我儿子明确告诉他："这些是我的玩具，你不许玩！"又有一次，他甚至从厨房找来一个塑料袋，把架子上的玩具一股脑儿装进袋子里，使出浑身力气往外拖，向妈妈宣布，他要出去玩。

我们从小就教他要跟小朋友分享玩具，可他就是不听话。难道现在的孩子真的是太自私了吗？怎样教会孩子学会与别人分享呢？

——一位父亲

亲爱的朋友：

您好。看到您把"自私"这样一顶关乎道德的大帽子抛出来，只恐怕小小的孩子是顶不起哦。

首先来说，对于一个三四岁的孩子来说，"自私"是正常现象，甚至是通向"分享"的必经之路，他们必须经由心智成长的历程，才能逐渐领悟、学会"分享"。

在孩子道德发展的研究方面，法国心理学家皮亚杰（Jean Piaget,

1896~1980）是一位有突出贡献的先驱。通过类似的大量实证研究，皮亚杰发现，儿童道德判断能力的发展与其认识能力的发展是互相对应和平衡发展的关系，这种认识能力是在与他人和社会的关系之中得到发展的。他还概括出了一条儿童道德认知发展的规律："儿童的道德发展大致分为两个阶段：在10岁之前，儿童对道德行为的思维判断，主要是依据他人设定的外在标准，称为他律道德；在10岁之后，儿童对道德行为的思维判断则多半依据自己的内在标准，称为自律道德。"

皮亚杰曾经和一个幼儿有过一段非常有趣的交谈——

皮亚杰：太阳会动吗？

幼儿：会动，你走它也走，你转它也转。太阳是不是也跟过你？

皮亚杰：它为什么会动呢？

幼儿：因为人走动的时候它也走。

皮亚杰：它为什么要走呢？

幼儿：在听我们说话。

皮亚杰：太阳活着吗？

幼儿：当然了，要不然它不会跟着我们，也不会发光。

孩子的自我中心，是孩子心理发展的局限性造成的，他根本意识不到别人会和自己有什么不同，因而不能替他人着想，不能关心别人、理解别人。这种行为是无意识的，不是有意为之的。

看到这里，您可能已经明白了，三四岁的孩子是不懂得分享，而不是不愿意分享，这不是道德问题，而是认识问题。在这个年龄段，孩子正在建构自我意识和"所有权"的概念：我、我的、我的东西。在他们心目中，所有的东西都是"我的"，并没有意识到别人也有"我的"，也不明白为什么要跟别人分享。

同时，他们尚未掌握"借"与"还"的概念，不知道"借"出去的物品还能完璧归赵，而是片面地认为一旦离开手，就意味着永远消失。孩子只有认识到什么是"我的"，什么属于自己之后，才能逐渐意识到什么是他人的，把自己跟其他人的物品分开。

孩子要先弄清楚什么是"我的"，什么不是"我的"，而后才能在反复的社交活动中建立分享意识，逐渐体会到分享的快乐。

所以，我们不能因为一个玩具、一块饼干就给孩子贴上"自私"这样的标签，并且充满焦虑和猜疑。

有一个谈话节目中设置了这样一个情景：一架飞机满载乘客，飞行途中没油了，可飞机上只有一个降落伞，主持人问一个参与做节目的孩子，你看这伞给谁用？孩子几乎不假思索地回答："给我自己用。"这时，台下一片骚动，很多观众窃窃私语：多么自私的孩子啊！

可是主持人没有着急，蹲下来耐心地问："为什么呢？"

孩子满脸泪水，清晰地说道："我要跳下去，找到油后，回来救飞机上所有的人。"

这位主持人是一个善于倾听者，由于他的细腻，让大家看到了与自己最初想法截然不同的真相。所以，我们一定要站在孩子的立场上，倾听、理解、接纳他的想法，而不要先入为主地下结论。

著名的社会心理学家霍曼斯提出，人际交往在本质上是一个社会交换的过程，相互给予彼此所需要的。有的人把这种交换叫做人际交往的互惠原则。

孩子对分享私人物品觉得为难，这很正常，不要强迫，也不能要求小孩什么都分享。即使是大人，一旦对某样东西产生拥有感，也会非常不愿意放弃它。

尽管孩子的分享意识等受到认识能力的制约，但这并不意味着父母就可以听其自然，而是要加以主动培养或引导。

小孩对自己的东西拥有决定权，分享是他的优点，不分享不是不对，抢别人东西才是不对。所以我们教他分享的好处，让他知道分享是一件快乐的事，以及不分享的人很难交到朋友。

在平时的生活中，也要培养他这方面的意识。比如，面对他爱吃的东西时，大人可以和他开玩笑："这么好吃的东西，能分给妈妈一点吗？"孩子听到这样的要求时，幼小的心里会斗争一下，等他终于下定决心时："行，给你吧！"这时，大人应该愉快接受并表示感谢，而千万不可说"最好吃的给宝宝吃"或者"这么好吃的东西，妈妈舍不得吃，专留给宝宝的"类的话。这种做法是和对孩子的分享教育效果相抵消的。

对于孩子的正确选择，全家人都鼓掌表示赞赏，受到表扬，孩子也非常高兴，慢慢地就养成了分享的好习惯，在和小朋友玩的时候，自然会做出正确的选择。

此外，还要有意地创造"分享"的情境。

在假日里，可以请有小孩的同事、朋友带孩子到家里来做客，让孩子把自己的玩具、图书拿出来与小伙伴分享。当孩子外出与其他小朋友一起玩时，鼓励他多带一些美食，分给别的小朋友一起吃，慢慢地他就会从这样的活动中体验到分享的乐趣。

66 木桶效应
孩子挑食怎么办

如果让孩子自己决定吃什么，并带孩子一起买菜或做饭，会给孩子一种掌控自己饮食的感觉，他会更愿意吃他自己选择的食物。

亲爱的心理学家：

　　您好。我的女儿有点挑食，比如她特别爱吃肉，而且喜欢吃骨头肉，但不喜欢吃青菜；特别爱吃米饭，但不太喜欢面食。我试着纠正了几次，但是没有效果。请问在对付孩子挑食方面有什么好的办法吗？

　　　　　　　　　　　　　　　　　　——为孩子挑食而苦恼的母亲

亲爱的朋友：

　　其实，孩子挑食有很多原因，有些孩子对味道和口感特别敏感，对体验新食物非常小心谨慎。还有很多孩子，要经历一个狂热追捧几样食物的阶段，只想吃有限的几种食品。

　　有一个笑话说，妈妈把一碗胡萝卜端到桌上，对儿子说："快吃吧，刚才你不是说你饿得像狼一样吗？"

　　可是儿子摇摇头："不错。可你什么时候看到过狼吃胡萝卜？狼只吃肉，而且只喜欢吃羊肉的！"

　　如果家长在饮食上过分迁就孩子的口味，就容易促使孩子养成挑食的习惯。当孩子拒绝过几次新食物时，父母往往会泄气，也就不再尝试提供新食物了。这也是造成孩子挑食的一个原因。

然而，孩子长期的挑食会造成营养的不平衡，而营养素缺乏或营养过剩都会出现相应的疾病，影响孩子的健康。

心理学上的水桶效应可以说明这一点。一只水桶想盛满水，必须每块木板都一样平齐且无破损，如果这只桶的木板中有一块不齐或者某块木板下面有破洞，这只桶就无法盛满水。

也就是说，一只水桶能盛多少水，并不取决于最长的那块木板，而是取决于最短的那块木板，也称为短板效应。一个孩子是否健康，不是取决于他摄入最多的营养素，而是取决于摄入最小的那个。

那么，一旦孩子出现挑食，有什么应对办法呢？

首先要意识到，挑食在孩子的成长过程中是正常的。他们生来就害怕新事物，对新事物有一种不信任感。即便父母态度再坚决，但当孩子宁愿不吃东西也不愿尝试新食物时，父母往往也会败下阵来：挑食虽然不理想，但总比不吃要好。

其实，只要采取一些简单策略，就可以帮助挑食的孩子喜欢更多样化的饮食。

有些父母因为孩子们喜欢不加节制地吃某种食物，就把食物放在孩子的视线之外，或者他够不着的地方。但研究表明，如果父母限制某种食物，孩子只会想要更多。所以，应让孩子自由地取得食物，而不要吊他们的胃口。

美国宾州州立大学的一项究中，研究人员让孩子们围坐在桌子边，然后给他们提供苹果味或桃子味的曲奇棒。在事前的味觉测试中，这两种食物被孩子们评定为"还可以"。一些孩子面前的曲奇棒装在碟子里随便取用；而另一些孩子面前，曲奇棒盛放在桌子中央的一个罐子里。

研究发现，限制对孩子产生了深刻的影响：曲奇棒放在罐子里时的食用量，比放在碟子中时增加了三倍以上。

有调查发现，那些在家里受到限制吃某些食物的孩子，一旦有机会，就更有可能大吃大喝。所以，如果你不想让孩子太嗜好某种食物，那就干脆不要带回家。而当你购买了健康的食物，则应让孩子自由地拿取。

其次，让孩子参与决定吃什么，并且参与准备饭菜的过程。这会给孩子一种掌控自己饮食的感觉，他会更愿意吃他自己选择的食物。

美国哥伦比亚大学的一项研究中，有近600名孩子从幼儿园到六年级，参加了旨在让他们吃更多的蔬菜和粗粮的营养课程。其中，有些孩子除了上健康饮食的课程外，还参加了烹饪培训班。研究发现，那些为自己烹调过食物的孩子，更可能吃这些食物（蔬菜和粗粮）。

再次，不要强迫或者鼓励他们吃某种食物。研究表明，当父母迫使孩子吃东西时，孩子会表现得很反感。即使是有奖励，也不能使孩子喜欢上某种食物。

在宾夕法尼亚州立大学的一项研究中，研究人员要求孩子吃蔬菜和喝牛奶，如果他们做了，奖励他们贴纸和看电视。而结果发现，孩子并不喜欢因为奖励而去吃食物。

最好的做法是，把食物摆在桌上并鼓励孩子去尝试。如果他愿意，可以让他先少尝一点，然后再给他多盛点。这样，他不会因为要吃那么多而退缩，也不会浪费食物。如果他拒绝，也不要抱怨。而且如果他尝试了，也不要表扬，只需要问他是否想要更多或叫他自己拿多一点，但是立场要保持中立。

南宋诗人陆游曾经写过一篇《东坡食汤饼》，里面记载了苏轼劝弟弟苏辙不要挑食的故事。

苏轼与弟弟苏辙被贬谪到南方时曾经在梧州、滕州之间相遇，路边有卖面条的人，兄弟二人一起买了面条吃。苏辙放下筷子叹气的工夫，苏轼已经吃完面条了。苏轼慢悠悠地对苏辙说："九三郎，你还想细细咀嚼品尝么？"说完大笑着站起来。秦少游听说这件事后，说："这是东坡先生'只管饮酒，不尝它的味道'的方法。"

开饭时，你只需要对孩子说"饭来了"，他自然会从你准备的饭菜中进行选择。如果你经常问孩子："该吃饭了，你想吃什么？"孩子可能会选择一些他熟悉的和爱吃的，这其实是变相鼓励他挑食。其实，你只要不动声色地不断给他提供多样化的食物，相信他会有所改变。

67 防御反射
孩子爆粗口怎么办

当孩子在生气、受挫折、失望时，也会偶尔讲粗口并表现得粗野无礼。父母在这种情况下最好还是克制自己，先了解一下孩子从哪里学到的这些粗话，以及他的情绪的由来。

> 亲爱的心理学家：
>
> 　　您好。我儿子今年12岁，读初中一年级。最近一段时间，我发现他突然学会了说粗口。家中没人说粗话，我曾责骂他，也解释为何不应该说。当我问他为何要说时，他回答是因为气愤。我担心他会学坏，请问我可以用什么方法去处理呢？
>
> 　　　　　　　　　　　　　　　　　　　　　——一个母亲

亲爱的朋友：

　　爆粗口和其他很多行为问题一样，只是一种表面现象。它背后最大的问题是，父母不明白孩子的内心世界，因此无法跟他建立亲密关系，而他也缺乏安全感，只能通过这种方式来表达。

　　美国马萨诸塞文科学院（Massachusetts College of Liberal Arts）的心理学家提摩西（Timothy Jay）指出，"爆粗口是一种人体内在机制，像汽车喇叭一样，实际上有多种功用。借由粗口我们能宣泄愤怒、压抑，甚至表达包括幸福快乐在内的许多情感"。

　　一位父亲领着几岁的儿子去商店买零食，可是儿子拿不定主意想要什么，父亲有些着急，对儿子说："男子汉做事要干脆，想想平时爸爸是怎样做的?"

儿子眼前一亮，高声地叫了起来："他×的，来一瓶二锅头！"

国外的一项研究也证明，当人受到外界强烈刺激的时候，粗口具有镇痛的功效。这项实验的对象是一群大学生，研究人员把他们的手浸没在冰凉的水中，并计时看他们能忍耐多久。

在这个过程中，允许被试自由重复一句粗话，或是使用较中性文雅的用语。67名被试表示，在骂粗话的那一瞬间自己的冰冷感较小，而且平均下来多坚持了40秒。

英格兰基尔大学（Keele University）心理学家理查德·史蒂文（Richard Stephens）是这项研究的负责人，他认为："当感到疼痛时，人们大多有咒骂和爆粗口的反应。这里面一定有更深层次的原因。事实上我甚至鼓励这种行为。"

这一结论也得到了哈佛大学心理学家史提芬·平克（Steven Pinker）的支持。他在其著作《The Stuff of Thought》中，对爆粗口的行为进行了详尽的分析。他指出："我猜想这大概是防御反射的作用。当生物意外受伤或受限时，会爆发出某种突来的愤怒。这种愤怒多伴随生物发出的一种愤怒声音，以威吓攻击者。而脏话则正是这种防御反射的反应。"

史蒂文教授认为，在通常情况下，比如挥锤砸到手指时，审慎地咒骂几句对镇痛是有益的。但他告诫说，这种好处并非一劳永逸。

由此可见，偶尔的粗口不过是缓解身心所受强烈刺激的一种反应。也正是由于这个原因，美国有专家指出"讲粗口"是"灵魂的止痛药"。

我们要理解，当人遇到令人感到情绪激动的事情时，在积累了一定的情绪后，都是需要借着言语及行为将它宣泄出来的。

当孩子在生气、受挫折、失望时，也会偶尔讲粗口，不过通常这种情绪不会持续得太久，所以大人在这种情况下最好还是克制自己，先了解一下孩

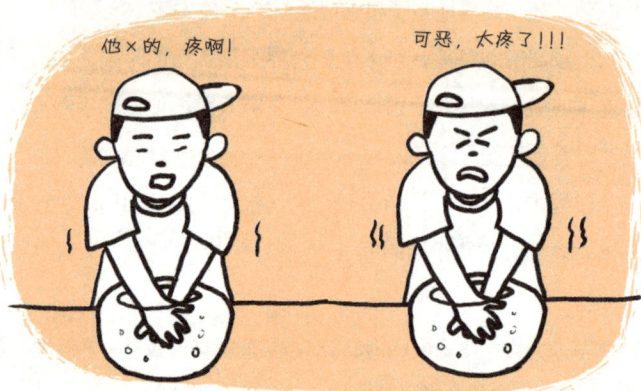

子从哪里学到的这些粗话，以及他的情绪的由来。

父母在找到问题根源——爆粗口的原因的同时，要向他表明你的立场，可以这样说："我们家每个人都尊重别人，我们从不像刚才那样说话。"要告诉孩子，粗话不一定会吓倒、吓退别人，反而会给别人带来伤害，使人感到很伤心和生气，更会引起对方的鄙视。

要让孩子知道可以用其他方法处理不满的事，让情绪得到适当的排遣。比如听强劲的音乐、看短片和父母一起讨论解决方法，都是一种发泄不满的方式。

要注意，需要批评的应是粗话以及粗鲁的行为，而不是孩子本人。同时要给他重新选择的权利。你可用开玩笑的口气说："你真的要那样说吗?"如果孩子意识到自己的错误并加以改正时，要向他表示感谢，用实际行动教他尊重别人。

68 皮诺曹现象
孩子喜欢撒谎怎么办

不同年龄段的孩子撒谎，代表着不同的含义。

亲爱的心理学家：

您好。我的儿子今年10岁了，小小的年纪，成天撒谎。我跟他讲过道理，也打过骂过他，但对他全都无效。当面他保证得不知有多好，连血书都写过，可管不了两天，他又是我行我素，假话连篇。我实在不知道该怎么办了，请问有什么好的办法吗？

——为儿子撒谎而束手无策的母亲

亲爱的朋友：

我从你的信里感受到的是你对儿子的不信任和怨气，请问在这样的压力之下，你儿子会是什么样的心态呢？

《木偶奇遇记》中的皮诺曹因为说谎而长出了长鼻子。家长都希望孩子成为一个真诚正直、远离谎言的人，但说谎就表明孩子真的成了"说谎的人"吗？

首先，在这个世界上，几乎所有的孩子都撒谎，而且撒谎也是孩子成长到一个新阶段的里程碑。

能够把谎撒得很圆的孩子，其实正表明他有着更缜密的思维和较好的管理才能，长大后可能会成为高层的领导者，经理或者银行家。因为他在撒谎时，大脑进行着复杂的运作，努力要把真相隐藏起来，避免引起别人的疑心。

其次，虽然在父母心目中，说谎是一种缺乏诚信甚至品德败坏的表现，但从孩子的角度看，说谎反映他们内心的恐惧、避免被罚的压力以及自我防卫等心理。只有认清问题背后的原因，才可对症下药。

不同年龄段的孩子，其撒谎代表着不同的含义。

三四岁的孩子常常分不清现实和幻想。在这个阶段，孩子想象力非常丰富，往往会即兴地、随意地把自己听到的故事或看到的事物想象加工后，套用到现实的人或事上去，出现没有逻辑、不真实的"撒谎"。但是这种撒谎没有什么目的，属于幻想型撒谎。

五六岁的孩子，已经能够分清现实和幻想，而且开始在乎父母的想法，知道哪些行为会让父母不高兴。当他们做错事的时候，也会感到内疚。这个阶段，他们撒谎可能是为了逃避惩罚或为了让父母高兴。特别是那些父母眼里的好孩子，可能会选择撒谎来维持这种印象。

七八岁的孩子慢慢理解了什么是善意的谎言。他们撒谎，可能是为逃避惩罚，或是避免做自己不爱做的事情，也可能是为了不让别人失望。还有的孩子，由于在学业上或者其他方面的压力太大而撒谎。

再大一些的孩子撒谎，可能只是为了保护隐私或者避免尴尬等等。很多情况下，他们会错误地认为，他们可以自己解决一切问题。

作为父母，要教育孩子对自己诚实，不能一味地惩罚孩子，而要引导孩子因为诚实而自豪，因为撒谎而感到羞耻。很多父母在孩子撒谎的时候，为了了解事实真相，都会先跟孩子说："如果你说实话，妈妈就不会罚你。"但是当孩子承认了错误之后，他们却被愤怒的情绪冲昏了头脑，食言打骂孩子。

为使孩子少撒谎，父母要做诚实的典范。不要当着孩子的面撒谎，或对他们撒谎，或以他们的名义撒谎。不管是不是善意的谎言，也不管是出于什么目的，在孩子面前都要避免。

一个母亲这样教育自己的孩子："如果撒谎，就用剪刀剪去你的舌头！"很多人都认为这是一个不得已的办法。但是，一位教育专家则提出询问："如果孩子真的撒谎了，你真会剪掉他的舌头吗？"

这位母亲理直气壮地说："哪能呢！你以为我疯了吗？"教育专家反问道："那么，你是在向孩子撒谎啦？"

当孩子忘记写作业时，你帮他向老师说他病了。通过这件事，孩子学习到撒谎能够解决问题。当孩子不想和来找他的小朋友玩时，你替他说他不在家。通过这件事，孩子学习到对朋友撒谎是可以接受的。

当孩子撒谎时，要了解孩子撒谎的动机并保持冷静。父母必须关注并了解孩子撒谎时的内心想法。孩子如果说了谎，往往表明他有某种难以实现的要求或是难以克服的挫折。这时父母如果能够站在孩子的角度去理解他，满足他的合理要求，同时指出哪些要求是不合理的，不能被满足，如何应付面临的挫折等，远比简单的批评效果要好。

如果不能弄清孩子的真实想法，就无条件地批评甚至体罚孩子，只会带来相反的效果：孩子会害怕，再编出另一个谎言，撒谎会变本加厉。比如，当你发现孩子撒谎说作业写完了时，你不能大声斥责孩子"你明明没有写作业，为什么要撒谎？"而是首先要理解孩子的心情，可以询问孩子："你是因为要看动画片才这么做的吗？"

另外，要让孩子认识并承担行为的后果。父母在问清楚孩子撒谎的过程之后，要把这种行为导致的结果告诉孩子，这远比直接说"撒谎是错误的"有效得多。

比如说，"你偷偷地把同学的铅笔拿来，不还给他，那他用什么来学习呢？他把铅笔弄丢了，可能会被他妈妈骂的。如果以后他知道是你拿了他的铅笔，他会讨厌你，不和你玩儿的"。

没有孩子愿意接受没有朋友，这种惩罚甚至比鼻子变长更要可怕。我们要记住：孩子不但会为了不受惩罚而撒谎，也会为了不受惩罚而诚实。

69 自我呈现
孩子喜欢上网聊天怎么办

把互联网看做是孩子的一种食物，只需要控制好"数字卡路里"的摄入量，别让孩子吃过量就是了。

亲爱的心理学家：

您好。我的孩子上高一，寒假里家里开通了互联网，结果他喜欢上了上网聊天交友，自己难以控制，每天长时间上网，批评他也没有效果。他开学时，我把网停掉了。孩子现在闹着要把家里的网开通，否则就上网吧。

我现在有点两难：开通吧，担心孩子上网聊天会影响学习和健康，甚至可能闹出点网恋什么的；不开通吧，孩子又可能任性去网吧，结果更不堪设想。请问互联网到底对孩子的影响是好还是坏？请赐教，不胜感激！

——一个为孩子上网而烦恼的家长

亲爱的朋友：

您好。担心孩子因为上网而影响学习或身体，这是很多家长的共同忧虑。但是，我们并不能因此就把孩子上网当成"洪水猛兽"。

虽然网络上存在着不良因素，但即使是喜欢上网聊天也有其有益的一面。上网给孩子带来的好处，已经被心理学研究所证明。

美国加州大学的心理学家阿德瑞娜·马纳戈通过研究现在流行的社交网站Facebook和MySpace发现：青少年用户在网上会明显地美化自己，不过随后在生活中他们也会努力变得更好。

阿德瑞娜认为，多数人竭力使自己在网上显得更加光彩照人，比如放上用Photoshop等软件修饰过的照片，夸大自己的成功等等。由于社交网站可以"切掉"所有多余的东西，创造完美的形象，青少年所固有的自我欣赏和一定程度的自恋情结，在虚拟世界中得以膨胀。

从心理学上来看，人本能地美化自己，进行"自我呈现"，这没什么不寻常的。然而，网络的普及把自我包装推到了一个全新的水平。特别是对于青少年来说，虚拟世界可能极大地动摇青年人对自己的评价，因为他们会本能地比较自己和周围的人。一旦他们在网上塑造了一个理想的形象，那么现实中的自己显然就相形见绌。不过，这却是一件促进他们进步的好事情。

加州大学洛杉矶分校心理学教授帕特里夏·格林菲尔德在《应用发展心理学》杂志上的一篇文章中指出，在互联网上生活的青少年，网络成为他们自我发展的工具。

英国一家调查公司"互联经历"首席执行官保罗·哈德森说，"孩子们对互联网有一种强烈的情感依赖，这一事实通常被认为有负面影响，但事实上对于这一代大部分在网络上开展社交生活的人来说，这再自然不过了。就好比年长的人不能用电话，他们也会感到难过和孤独"。

虚拟世界创造的新的理想的人，可能很快就会开始影响现实中的人。由于心智的可塑性，青少年会下意识地向网络创造的形象靠近，按照网络创造的形象成长：他们尽力提高自己的成就，甚至做整容手术，以符合网上修饰过的照片，在网上吹嘘过的事情，他们也可能在生活中实现。总之，互联网也能培养人，造就人。

因此，绝不应该剥夺孩子从网上获得信息、朋友和快乐的权利。再说，孩子正处于容易产生逆反心理的时期，不让他在家上网，他也许就会用自己或朋友的手机上网，再不行，他就会跑到网吧去。

　　在今天这个网络时代，又怎么能长久地将孩子与网络相隔离呢？我的建议是，把互联网看做是孩子的一种食物，只需要控制好"数字卡路里"的摄入量，别让孩子吃过量就是了。只要孩子的网络交友没有影响到现实的正常生活，也不必太过紧张。

70 Google效应
孩子应该怎样利用网络信息

对于人类特别是孩子来说，如果过分依赖从搜索引擎获取答案，在记忆方面会表现得不够勤奋。

亲爱的心理学家：

您好。昨天我发现女儿做作业时，竟在网上搜索答案。当时狠狠地把她教训了一顿。可女儿却说，她在网上搜索答案的初衷并不是为了偷懒省事，而是想在网上看看有没有新的解题思路，现在班里很多同学都这样，已经不稀奇了。她还说，只要自己能控制住量，就不会对学习造成影响。

我对此很担心，即使女儿说的是真的，长期依靠上网搜索来找答案找思路，会不会有什么不良的影响呢？

——一位为孩子搜索作业答案而焦急的母亲

亲爱的朋友：

仅从做作业来说，通过网络搜答案就像网络一样，也是一把双刃剑，如果利用得好——在解题之余从网络上了解不同的解题方式，肯定会让孩子受益；但如果孩子只是图省时间去抄答案，对知识的掌握就没有多大作用。

其实，网络搜索对孩子的影响，远不止能否掌握知识这么简单。

2000多年前，古希腊哲学家苏格拉底曾经告诫人类，"通讯交流方面的技术进步，对人类的记忆力有负面影响"。2000多年后，《科学》杂志的研究表明，Google等搜索引擎对人的记忆力是有害的。

在一个实验中，使用Google并相信他们搜寻的内容能够储存下来的被试，比起那些认为搜寻的条目可以删除并不再获得的被试，在回忆这些条目方面表现得要糟糕。换句话说，因为Google为人们提供了一个轻松获取信息的方法，人们在从Google采购智力时往往漫不经心，甚至告诉他们记住那些搜寻的条目时也是如此。

于是，人们把Google等搜索引擎对记忆的这种影响，称为"Google效应"。

研究人员说，"Google效应"并不总是负面的。搜索引擎的出现和发展，是人类记忆的一种自适应性使用。计算机和网络，成为我们的外部记忆系统，随时从中采集有用的信息，可以解放人类有限的注意力，以用于更多的发明创造。

然而，对于人类特别是孩子来说，如果过分依赖从搜索引擎获取答案，在记忆方面会表现得不够勤奋。

为了改善这方面的影响，可以用以下方式来加以补偿。

第一，保证孩子充足的睡眠。科学家已经发现，睡眠可以帮助巩固记忆，将记忆存进大脑以便我们日后取回。新的研究表明，睡眠同样可以重组记忆，挑选出情感的细节并将记忆重新配置，从而帮人们产生新的创意。

第二，保证孩子大脑的营养补充。人的大脑中50%~60%都是脂肪，这些使神经细胞隔离开来。神经细胞隔离得好，工作得更快。所以，给孩子补充富含大脑需要的脂肪和其他营养的食物，对他们的记忆力非常有用。这些食物包括鱼（特别是沙丁鱼、大鱼和野生鲑鱼），还有水果和蔬菜。

鸡蛋是比较理想的早餐，鸡蛋富含维生素B，可以帮助神经细胞消化葡萄糖和抗氧化剂，保护神经系统，其中所含的脂肪酸帮助神经细胞在最佳的速度上工作。

第三，最直接的办法，就是随时清除浏览器的缓存。浏览器都可以在上述的实验研究中，如果告诉被试需要删除Google搜寻信息，被试的表现明显优于那些信息可以储存下来的被试。可以让孩子关闭浏览器的历史记录功能，或者禁用预测搜寻功能，因为这让孩子意识到，以后要找到这些信息会难上加难。

除了对记忆力的影响之外，搜索引擎使孩子可以直接使用分门别类封装好的信息，而不需要自己研究和思考找到答案。

当一篇有点深度的文章摆在面前，无论它多么有价值，孩子都会抱怨说它"没有用"，因为对他们来说，"有用"的是那些针对具体问题的信息。长期下去，孩子必然会思维惰怠，失去不少思考和记忆能力。

71 附带学习
应该禁止孩子玩电子游戏吗

玩家在游戏中不仅获得了快乐，同时也无意中自主学习了不少知识：他们得到了良好的空间思维能力，能够同时处理大量的图形信息，在让人迷惑的立体空间中穿行，也提高了思维的协调能力。

亲爱的心理学家：

您好。我的孩子已经7岁了。一个偶然的机会，我带他到商场，玩了一下电子游戏机，他却一下子喜欢上了。现在要以帮我做家务为由赚钱，然后去玩游戏。这让我有些担心，请问应该禁止他玩电子游戏吗？如果允许他玩，应该怎样掌握这个度呢？

——一位为孩子玩电子游戏而担心的家长

亲爱的朋友：

您好。这个问题的核心是电子游戏对孩子会产生什么样的影响。

从1971年世界上第一台街机游戏《SPACEWARS》被开发出来至今，电子游戏已经存在了40多年。随着越来越多的人开始喜欢上这种娱乐方式，有关电子游戏对于孩子的不良影响，也已经比比皆是了。

对电子游戏的批评焦点之一，就是成瘾问题。美国心理学家维吉尔·葛里菲斯（Virgil Griffith）曾经对387名12~16岁的青少年进行调查。他得出的结论是："由于玩电子游戏有潜在的成瘾可能，对一个8岁开始玩电子游戏的孩子和一个十几岁开始玩的孩子来说，它对前者更有害。"

除了成瘾之外，批评的第二个焦点问题是电子游戏导致孩子的攻击性行为。很多研究指出，玩暴力游戏的孩子与其他同龄人相比，表现得更不友善、心胸狭隘，更容易对暴力习以为常。但是，有关电子游戏和攻击性行为之间的关系，至今还没有定论。

不过，玩电子游戏一旦成瘾，就可能如一位芬兰心理学家指出的，"对他们的思维和感情产生不良影响"。

当然，电子游戏也并非一无是处。因为现代电子游戏已经成为一种复杂多变的娱乐方式，人们在玩的时候必须在多次失败中总结归纳出方法，建构有关游戏世界的系列假设，在遇到障碍时向其他玩家求助，解决问题和谜团，最终学会如何游戏。

对于不玩游戏的家长来说，可能会觉得这只是在浪费时间和精力。其实，

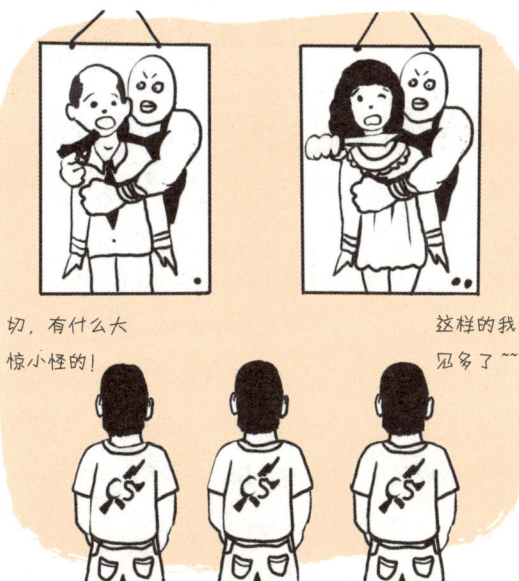

玩家在游戏中不仅获得了快乐，同时也无意中自主学习了不少知识：他们得到了良好的空间思维能力，能够同时处理大量的图形信息；在让人迷惑的立体空间中穿行，其思维的协调能力也得到了提高。

也就是说，电子游戏可以帮助孩子思考，以及学会如何解决问题和做出决策，这就构成了"附带学习"，即从他们所参与的其他活动中无意地学习，而不是像通过阅读书籍那样有意获得显性知识。

美国福特汉姆大学（Fordham University）针对中学生所做的一个研究证实了这一结论。研究的内容是一款新游戏对解决问题的能力有何影响。他们发现："电子游戏可以提高认知能力和知觉能力。某些电子游戏有利于提高玩家的灵敏程度，也可以提高他们解决问题的能力。这些结论不仅对学生，对外科医生也适用。"

在一次美国心理学会年会上，爱荷华州立大学的心理学家道格拉斯·詹蒂莱（Douglas Gentile）展示了一些研究结果，其中包括33起在电子游戏影响下的腹腔镜检查手术。

研究显示，在进行腹腔镜检查手术的外科医生中，经常玩电子游戏的与不玩电子游戏的相比，完成一些难度较高的手术时，速度平均要高出27%，出错率则低37%。

研究人员还提出，有的孩子虽然玩电了游戏，但是所玩的游戏是亲社会的而不是反社会的。这部分孩子在学校很少惹事，并乐于助人。

可以说，电子游戏是一把双刃剑，可能是导致成瘾的源头，也可能是很有效的教育手段。控制得当是天使，控制不当是魔鬼。我们所要做的，就是根据孩子的年龄和认知情况，帮助他选择，并且有节制地玩。

72 印刻效应
看电视对孩子的影响大吗

孩子花在电视屏幕上的时间越多，他们的注意力问题越多。

亲爱的心理学家：

您好。我的儿子今年11岁，最近迷上了看电视。为了看电视，他还学会了和他爸斗智斗勇。他下午4点就放学回家了，我们要求他不要看电视，先做作业或者练琴。可他趁我们不在偷看，等我们快下班时把电视关上。过了几个星期他爸才发现，只好通过摸电视机后面热不热来监督他，才管住他。

可是有一天我们下班，却发现电扇很奇怪地放在电视旁，才明白他在我下班前先用电扇把电视机吹凉，再拿起书本做学习状。于是，他爸下班回家的第一件事，又变成了摸电扇后面热不热！

相对于他爸对孩子看电视的强烈反对，我还是持比较开放的态度。毕竟看电视也是一种娱乐，况且还有很多动画片能够寓教于乐，比看书更加生动有趣。我想请教一下，看电视对孩子究竟会有什么影响呢？

——一位因孩子看电视而疑惑的母亲

亲爱的朋友：

这个问题，让我想起了英国奇幻小说家罗尔德·达尔在《查理和巧克力工厂》里面所说的："千万、千万、千万别让孩子，靠近你的电视，最好是别购买、安装这最最愚蠢的东西。"

　　这句话看似极端，却是有一个心理学结论做依据的：孩子花在屏幕上的时间越多，他们的注意力问题越多。根据爱荷华州大学的一项研究表明，在6~12岁的孩子中，每天花费超过两个小时看电视者，在集中注意力方面会遇到困扰。

　　英国儿童和媒介消费研究的专家迪米特里·克里斯塔基斯进行了一项研究，对家长和老师进行了关于孩子习惯的调查，并发现在屏幕前耗时多的人，有较严重的注意力问题的可能性，几乎是其他孩子的两倍。

　　在心理学上，有一个"印刻效应"。它是由德国习性学家海纳罗特和洛伦兹提出的，就是我们通常所说的"先入为主"。婴儿出生后一个半月左右，耳朵基本上能听到声音，眼睛也能看见东西了。如果这时就给他长时间看电视，到两三岁时，通常会表现出以下的倾向来：

　　(1) 不会说话；

　　(2) 不能注视母亲的视线；

　　(3) 活动剧烈，无法安静；

　　(4) 喜欢电视中的广告，爱哼唱广告音乐；

　　(5) 独立能力差，日常生活不能自理；

　　(6) 不知道什么是危险的事情；

　　(7) 喜欢机械类的东西，并能较早地学会操作；

　　(8) 显示出很广的知识面。

　　2007年，约翰斯·霍普金斯大学研究人员发现，每天看电视超过2小时的5岁以下儿童易患行为疾病。同年，新西兰学者发表的一份研究报告显示，儿童每天看2小时以上电视，在青春期出现注意力障碍的几率增加约40%。

　　原因是电视节目画面转换迅速，容易"过度刺激"儿童正在发育的大脑，使他们觉得现实"没劲"。另外，看电视占用了大量原本有利于培养注意力的活动时间，如阅读、运动、游戏等。

　　玛丽·埃文斯·施密特等美国学者选取50名年龄分别为6个月、1岁和3岁的婴幼儿，发给他们各种玩具，让他们玩耍1小时。前半小时中，研究人员打开电视，播放广告和婴幼儿难以理解的成人娱乐节目；后半小时则关闭电视。

　　观察发现，电视处于打开状态时，婴幼儿似乎并不在意节目内容，每分钟最多看1次荧屏，每次看荧屏时间只持续几秒钟。但他们明显受到影响：玩耍总时间缩短，注意力难以集中。

　　这种影响不仅仅和孩子呆在屏幕前的时间有关，和孩子从中看到的内容也有关系。

　　有心理学家曾经把一群孩子分成两组，一组孩子是听老师讲白雪公主的故事，一组是看白雪公主的动画片。然后，让两组孩子画出心目中的白雪公主。

　　听了故事的孩子，画出的白雪公主各不相同，他们会根据想象，赋予白雪公主各种形象、装束和表情；而看了动画片的孩子，画出的白雪公主全都一模一样，因为他们看到的都是一样的。

　　过了一段时间，研究者又让这两组孩子再画白雪公主。听故事的孩子，

听故事与看电视的孩子比，你更喜欢哪一个呢？

这次画的和上次的又不一样，因为他们又有了新的想象；而看过动画片的孩子，画的和上次还是一样的……

可见，动画片把故事中的角色模式化了，这束缚了孩子的想象，使孩子的大脑变得更加懒惰。所以，即使是优秀的动画片，也需要家长陪着孩子看，而且要在看的过程中与孩子交流互动，不要让孩子独自地、长时间地看。

美国国家身心健康研究会曾经围绕电视对孩子的影响展开讨论，并书写了一份题为《电视与孩子》的报告。报告明确指出，不只是武打镜头，就连动画片也会导致孩子们行动上的粗暴。哥伦比亚广播公司非常赞同这一观点，它说："大多数十几岁的男孩子看完武打片后，都学会了打架。"其实，被变得粗野的又何止是男孩呢？

3岁的女儿缠着爸爸讲故事，爸爸搔了搔脑袋说："今天就讲个喜羊羊和灰太狼的故事吧。"

小女孩非常开心，撒娇说："爹地，你来当灰太狼，我当红太狼好不好。"爸爸刚"嗯"了一声，"啪"的一声挨了个大耳光，只见女儿叉着腰朝他怒气冲冲地吼道："还不赶快去给我抓羊！"

诚然，电视的主要作用是"娱乐"，而不是教育。但对于孩子来说，教育与娱乐两者之间很难区分。

那么，我们应该怎么做呢！

英国的华德福教育专家马丁·洛森说："如果你能让孩子在十一二岁之前不看电视，他们终生都将获益。"我们也许做不到这一点，但可以听从美国儿科学会的建议，每天只允许孩子们在屏幕前呆1~2个小时。

同时，我们应当清楚地掌握孩子在看什么节目，以及看了多长时间。必要时和孩子一起看电视，多和他们交流感受，在需要时对节目加以解释，把电视节目变成激发思考的一个工具。

73 分心效应
应该给孩子配手机吗

手机铃声——尤其是那些曼妙的音乐——正在吃掉孩子们的脑子！特别是当他们听到的是自己所钟爱的音乐铃声时，情况会变得更糟。

亲爱的心理学家：

您好。我女儿在上小学六年级，过年时，她收到不少压岁钱。这两天每天都闹着让我用压岁钱给她买手机，而且还要智能的，说班里很多同学都有了，自己也想有一部。我也想给她配个手机，或者把旧手机给她用，但是又怕她年龄太小，自控能力差，影响学习。现在我到底该不该让她用手机啊？

——为孩子要手机而烦恼的母亲

亲爱的朋友：

您好。现在很多孩子在10岁左右就已经配上了手机，对父母来说，这样做是为了安全，方便了解孩子的行踪。

除此之外，手机短信还有助于孩子提高拼写能力。一项调查表明，手机短信的文字编辑功能，会额外增加学生们在课外拼写作文的几率，从而增强他们的识文断字能力。

英国考文垂大学的学者表示，没有事实证据证明，用手机会伤害儿童的识字能力，相反，甚至可能正面激发孩子的拼写兴趣。研究人员从英国中部招募了114名9~10岁的小学儿童。这些从未使用过手机的学生，被分为两组进行测试。

其中一组，每人都配发手机，准予周末和假期使用短信，并持续10周。与另外一组形成对照。在研究开始的前后，学者们对两组学生都进行了读、写、语音项目的测试，而学生们的读写能力也在每一周进行测试。

这项研究考察了孩子们的智商在研究前后的变化，结果发现，使用手机10周后的孩子的智商指数，比研究之前要高得多。

这项研究，也许可以用来解释短信与拼写能力之间的关系，即短信使语音能力的发展得到了一种提速。短信中的缩写及拼音运用，增进了孩子对其的掌握。

但是也正如你所说，手机会对孩子的生活带来多方面的影响。而最大的影响，就是手机会让孩子分心。

我曾经听一位老师讲过这样一个笑话。他是中学的班主任，有一次在教室外面巡视，突然发现一学生上课开小差，正在偷偷玩手机。这位班主任掏出手机，发了条信息给学生："你怎么不认真听课？"

那学生疑惑地回复："你是谁？"这位班主任又发了一条短信给他："你看窗外。"学生抬头看了一眼窗外，然后回复很快发回来了："多谢提醒，等会儿聊，我们班主任在窗外盯着呢。"

如果一有短信马上就看，可能让孩子形成一心几用的习惯。一心几用并不是好习惯，这会让他们反应加快，一有风吹草动就马上分心。分心越厉害，成绩也越差。

美国圣路易斯华盛顿大学的研究者们发现，在接触了不停鸣响的手机之后，学生们在测试中的成绩下滑可以高达25%。因为这些手机铃声——特别是那些曼妙的音乐——正在吃掉他们的脑子！特别是当他们听到的是自己所钟爱的音乐铃声时，情况会变得更糟。

所以，给孩子配手机是没有问题的，关键在于他怎样使用。在读书或做作业时，你可以要求孩子关上手机，忽略周围的动静，专心学习或做作业，以免受到打扰。

当然，给孩子配手机时，应该配功能简单的，以减少对孩子的诱惑。

74 布里丹效应
孩子的玩具越多越好吗

给孩子们过多的玩具或不适当的玩具会损害他们的认知能力，因为他们会在如此多的玩具面前显得无所适从，无法集中精力玩一件玩具并从中学到知识。

亲爱的心理学家：

您好。我儿子今年5岁了，家里的玩具早就好几箱了，但大多数玩具他都玩不了几天。儿子也算是能讲道理不强买玩具的，但目前也是一个月100多元的标准不断地买。看到家里几大箱的玩具，我想请教一下，孩子的玩具是不是越多他学到的东西越多呢？

——一个为玩具而烦恼的爸爸

亲爱的朋友：

玩具不仅仅是用来玩的东西，也是构建孩子未来的基石。玩具给孩子带来了快乐，但玩具的处理也成了父母普遍头痛的问题。

那么，能不能给孩子的玩具箱减减肥呢？

国外研究人员曾做过这样一个试验。他们选择一批同龄的孩子，随机将他们分为3组：A组孩子无玩具；B组孩子有很多玩具，任其随意玩耍；C组孩子只给几个玩具。一段时间后观察孩子生长发育的情况。

经过3个月的观察，发现C组孩子比A、B两组孩子大脑发育都要快。

这是为什么呢？专家认为，由于孩子的脑部神经尚未发育健全，如给孩子各式各样的玩具，容易使孩子受到太多的外界刺激，各种兴奋灶就会互相影响、互相制约，从而出现兴奋灶弱化，这样反而会影响孩子神经系统的发育。

有一位父亲想对一对孪生兄弟进行测试。他买了许多新玩具给一个孩子，而把另一个孩子放在一间堆满马粪的马房里。

过了不久，父亲看到玩玩具的孩子仍然闷闷不乐，可是马房里的孩子却兴高采烈地在马粪里掏着什么。于是他就问两个孩子，第一个孩子回答：没什么意思。而另外一个孩子得意洋洋地宣称："我想马粪堆里一定还藏着东西呢!"

这其实隐含了深层的道理：当身后的箱子上还有很多玩具可选时，孩子很难真正去欣赏他面前的这个玩具。

丹麦哲学家布里丹曾写过这样一则寓言：一头驴子在干枯的草原上好不容易找到两堆青草，欣喜万分，却左顾右盼，不知先吃哪一堆好。结果，在长时间的反复选择和犹豫徘徊中，驴子被活活饿死了。在决策学理论中，这种长时间反复选择和犹豫徘徊的现象，被称为"布里丹效应"。

常言道，"箩里选瓜，越拣越差"。孩子有了太多的玩具，他的注意力持续时间必然会受到影响，甚至会因为无法取舍而烦恼。

美国儿童教育学者发表的一份研究报告也支持了这一结论。报告认为，玩具过多容易影响孩子的智力发育。

这些学者全都是"0~3岁项目"的成员，该项目受美国政府资助，专门研究学龄前儿童的教育计划。学者之一克莱尔·勒纳说，"给孩子们过多的玩具或不适当的玩具会损害他们的认知能力，因为他们会在如此多的玩具面前显得无所适从，无法集中精力玩一件玩具并从中学到知识"。

许多细心的父母可能已经发现：当孩子得到大量玩具以后，结果却变得"不会玩儿了"。他不停地拿起一个玩具，摆弄两分钟就放下，再拿起另一个，没过多久又失去了兴趣，最后往往是拿起一只勺子或者尺子之类的东西来玩，而以前他每个玩具能玩上十几分钟。

过多的玩具影响还远不及于此。英国牛津大学教育心理学教授凯西·希尔瓦历时数年，对3000名年龄在3~5岁的孩子进行了跟踪调查，结果发现那些玩具较少的孩子，由于父母与他们一起阅读、唱歌和游戏的时间更多，要比那些家境优越、玩具成山的同龄小朋友的智力水平高。

希尔瓦认为，"玩具太多容易分散孩子们的注意力，而当他们精力不集中时，就不能更好地学或玩"。

由此可见，过多的玩具会超出孩子心理发展的需要，从而降低孩子的兴趣和探索欲望。因此，父母给孩子买玩具，不宜数量太多。从长远来说，有目的地去限制孩子玩具的数量，有时反而能帮助孩子。玩具少了，孩子反面可能变得更聪明，知道怎么去利用手头的少数玩具来获得快乐。

事实上，生活用品就是孩子最好、最廉价的游戏道具。廉价的纸盒并不比昂贵的玩具差，评价玩具好坏的并不是价格，而是用处。

传统智慧应如何与时俱进

Chapter 7

75 睡眠学习法
孩子一心不能二用吗

所谓的"睡眠学习法"，就是在人精神恍惚、即将睡着或即将醒来时，播放相关的学习内容。

亲爱的心理学家：

您好。我最近在想一个问题，那就是能不能让孩子一心二用地学习。晚上儿子正在往画中涂颜色，我想让他复习一下老师布置的英语，于是就在旁边读英语。

我还会在孩子玩的时候，在旁边给孩子读唐诗和儿歌。可是，我还是担心这样会分散儿子的注意力。我是否应该在儿子认真做一件事情的时候，尽量不去打扰他，让他一个人安安静静地、一心一意地做呢？

——一个困惑的母亲

亲爱的朋友：

古罗马的格言大师普珀里硫斯·西鲁斯曾经说："如果同时做两件事，结果就哪件事也做不成。"而中国先秦时代的韩非子也说：右手画圆，左手画方，不能两成。

如果这两位老先生看到今天孩子们的习惯，一定会怒不可遏：这些孩子经常一边看电视一边发短信、一边在网上聊天一边还听着音乐。那么，一心二用是不是就错了呢？

答案是否定的。一心二用不仅可行，而且还可能有意外的收获。儿童可以同时把注意力集中在2~3件事情上，而成年人更可以同时把注意力集中在4~6件事情上。也就是说，对一个头脑和身体均正常的人来说，"一心"是完全可以"两用"甚至"多用"的。

在一次实验中，美国威斯康星大学麦迪逊分校的心理学家丹尼尔·莱文森（Daniel Levinson），让一些志愿者执行一些简单任务，比如在键盘上迅速按出屏幕显示的字母，或者随着每一下呼吸按一下按钮。研究人员则定时检查他们有没有在机械重复的动作中走神。

当简单任务结束后，研究者让志愿者一边解数学题一边记字母。通过这种方式，对他们的工作记忆能力进行了评测。

莱文森在介绍研究结果时称，走神次数更多的志愿者工作记忆评测的分数更高，而且他们完成任务的质量都很好。

他解释道，当工作的难度并非特别高的时候，人们会动用额外的工作记忆资源来操作手头任务之外的其他事情。研究人员认为，这种"一心多用"的能力与智力是有关联的。

从常识来判断，全心全意去做一件事，必定是能做好事情的。但是，以上的研究也揭示了，"一心二用"甚至"一心多用"未必是坏事。实际上，在生活中，我们也是经常一心二用的：一边走路一边接电话，一边工作一边听音乐，等等。

2010年9月，美国《神经科学》杂志发表了一篇由贝沃利·莱特等完成的论文，进一步证明了一心二用在学习中的积极作用。

莱特等让一群18~30岁的听力正常的实验对象，进行一项听力分辨的训练任务。每个对象每天至少练习360次，持续6天。

接下来，实验对象被分成三组进行后续练习。第一组，在安静的环境里做与训练无关的事；第二组，在有与任务有关的听力刺激背景下，同样做无关的事；第三组，没有丝毫的休息，只是一遍一遍地重复练习任务。这一组可以叫做"什么都不做，只管练习"组。

结果显示，在安静的环境下做无关之事的第一组，没有任何进步，这是意料之中的。但是出乎人们想象的是，练习效果最好的却并不是第三组，而是第二组。也就是说，在"有与相关任务听力刺激下做无关之事"的效果，与刻苦练习特定任务的效果是异曲同工的——实验对象们就算没有刻意去注意背景刺激，只是分心做与任务完全无关的事，也可以从中获益。

这说明：只是单单暴露在刺激中，我们都可以获得进步。而类似第三组所进行的那种过度练习，却会带来严重的弊端：练习过程中的单调沉闷，可能会让人丧失兴趣。

如果你让孩子练习英语20分钟，然后在下一个20分钟里无意识地让孩子置于相关刺激中，就等于他已经练习了40分钟。于是他只需花一半的努力，获得同等的学习效果。

当然，这并不意味着，我们在只有乐曲的背景刺激下，便能精通大提琴；把教科书压在枕头底下，便能在数学考试中获得高分。我们还是需要练习的，只是不需要练习我们原本以为的那么多，也不需要原本以为的那样辛苦。

这个实验向我们提供了一种方法，可以让孩子在学习中花更少的力气，并且显著提高效率。他们只是简单地把"任务练习阶段"与"置于额外刺激背景"阶段联合起来，便可以将所需努力减半，且不会对效果造成不良影响。

根据类似的原理，有人发明了所谓的"睡眠学习法"，即在人即将睡着或即将醒来、精神恍恍惚惚的时候，播放相关的学习内容。这种方法起源于俄罗斯，后来在保加利亚、日本、美国等地得到推广。据媒体报道，美国有许多人运用睡眠学习法在一个月内掌握了一门外语。效果有没有这么好，有待验证！

睡眠学习之所以能取得良好的记忆效果，是因为人在睡眠状态下部分脑细胞仍然在高速运转，由于没有其他信息干扰，因而学习效率更高、效果更好。

同时，人在半睡半醒状态时，精神不像完全清醒时那样紧张，此时给大脑施加一定的刺激，大脑的活动效率便会提高。

所以，要把孩子的学习变成一件随时随地的事情，没有必要放在没有干扰的环境里进行。在他做游戏的时候，给他读英语或唐诗，就是一种很好的做法。

76 贵人语迟
孩子说话晚有问题吗

说话稍晚，并不意味着孩子智力有问题，它不太可能对孩子的精神健康有长期影响。

亲爱的心理学家：

您好。我的儿子现在快两岁了，长得很可爱。但是有一件事情让我们很担心，那就是他还是不大会讲话，只会喊爸爸妈妈，高兴的时候就"嗯嗯"地叫，说不出其他完整的词。看着不少和他同龄甚至比他还小几个月的孩子都已经能说会道了，家里人都很着急。请问孩子说话晚是不是有智力问题呢？

——为孩子说话晚而担心的父母

亲爱的朋友：

孩子说话晚，是父母非常关注的一个问题。但是说话稍晚，并不意味着孩子智力有问题，它不太可能对孩子的精神健康有长期影响。

澳大利亚心理学家安德鲁·怀特豪斯（Andrew Whitehouse）等，对说话晚的孩子进行跟踪调查后发现，在从幼儿到青春期的成长过程中，他们形成害羞、抑郁或侵略性性格的概率，并不比同龄人高。

研究人员通过对1400个2岁大的孩子的父母填写的语言发展调查问卷，来了解这些孩子可能会自己说出来的单词。通常情况下，一个2岁大的孩子能说几百个单词，但是不同孩子说的内容各不相同。

　　根据父母填写的孩子行为调查表，心理学家发现晚说话孩子表现出更多的心理问题：有13%的晚说话宝宝会有"内向型"行为，比如害羞、伤心、不够活跃，而只有8%的同龄人会出现这些行为。然而在孩子5岁时，这种差异已经消失了，而且在17岁前都不会随着孩子的成长再次出现。

　　而且，大部分说话晚的孩子，在开始进入学校时都能跟得上学校的语言教学，只有7%~18%的孩子会有两年的语言延迟。

　　根据怀特豪斯及其同事的解释，晚说话孩子在幼儿时期会出现行为问题，可能是因为他们无法进行有效的沟通，而不是因为他们智力有问题。

　　他们的研究成果发表在《儿科》杂志上，其中提到，"等待并观察"的方法，对于语言学习滞后的孩子来说是对的，只要他们在其他领域发展良好。

　　但是，在孩子2岁时"等待并观察"是可以的，如果到了2岁半或者3岁还不会开口说话，或者伴随有其他方面的问题，那么就是医学上所说的言语发育迟缓，需要进行治疗。

　　根据中国民间的说法，孩子说话晚是"贵人语迟"，不仅没有问题，而且还会"大器晚成"，因为据说宋代的包拯5岁才开口说话。这种想法是大错特错的。父母必须要注意说话晚的孩子在各方面的表现，比如是否有心理问题或听力问题，并且尽可能引导和鼓励孩子说话。在这方面，可以采用以下几种策略。

　　首先，延迟满足孩子的要求，尽量让他说出来，再把东西给他；

　　其次，把孩子说话与游戏结合在一起，如"宝宝接球"，每天穿衣服时说"宝宝伸胳膊"、"脚丫出来了吗"，以便孩子把脚丫、胳膊、腿联系起来；

　　第三，创造孩子与别的小朋友交际的机会，大小差不多的孩子在一起玩耍，可以让孩子在愉快的氛围中感受语言。

　　最后一点，要鼓励小宝宝说话和唱儿歌，在他们说话时，不论说得对错好坏，都不要随意打断，对言语中的错误要耐心纠正，使他们不至于受到打击。

美国学者米歇尔比较了成人和婴儿、人与狗讲话的时候有何不同，结果发现，二者的相同点是：很高的声调，重复使用简单的句式。而不同之处则是：和狗说话的时候，人们喜欢使用短句和命令的句式，而和婴儿说话时更加喜欢使用疑问句。

所有这一切都上升到一个问题，那就是：我们像对待狗一样对待孩子，还是像对待孩子一样对待我们的狗。不管是哪一种，一个主要的特征就是低质量的沟通。而低质量的沟通，显然会影响孩子语言才能的发展。

77 孝道教育
还要教孩子"百善孝为先"吗

和父母之间的连接感和亲密感，在孩子的学业成绩上起着一定的作用。

亲爱的心理学家：

您好。昨天我和妻子就因为对孩子的教育问题发生了争执，起因是让正在上小学的儿子背《弟子规》。她刚听了头几句里有"首孝悌，次谨信；泛爱众，而亲仁；有余力，则学文"的话，就很不满。她说，孩子应当是独立人格的人，有权按自己的想法行事，为什么非得讲"孝"呢？不管孝不孝，将来考上重点大学才是最重要的。

而我认为，古人说"百善孝为先"，如果孩子连孝顺父母这样基本的做人道理都不懂，即使考上博士又有什么用呢？我们两个谁也说服不了谁，想请教一下，应不应该对孩子进行孝道的教育呢？

——一个为孩子读《弟子规》而烦恼的父亲

亲爱的朋友：

首先我要说，您在信中犯了偷换命题的错误。对孩子进行孝道教育是没有问题的，但是孝道教育并不等同于让孩子读《弟子规》等经典读物。

宋代开国宰相赵普说："半部《论语》治天下。"但现在，一部《论语》也未必能管得好一个孩子，这就是进化。

中国传统文化讲的是"百善孝为先"，它把孝推到一个至高无上的地位。

不过，孝既然被认为是美德，却恰恰从另一个侧面证明它并不是人类的天性。在二十四孝中，诸如啮指痛心、刻木事亲、涌泉跃鲤、哭竹生笋、埋儿奉母等故事，相当程度上只能当做神话传说，未必确有其事，更不能拿来让孩子有样学样。

现在的孩子，成长环境完全不同，不能要求他们按照传统孝顺的要求来放弃独立人格。在这一点上，你妻子的话有一定的道理。不过，她认为孝道对孩子完全没用的看法是错误的。

美国学者波默兰茨（Pomerantz）和一些中国学者联合进行了一项研究。她们比较了两国的825名年龄在11~14岁的中学生，向这些学生询问两年来的生活和父母情况，包括他们对父母的信任度、他们花多少时间和父母待在家里，以及与父母交流的时候感觉有多安全。他们还向孩子们问及他们在学校里表现好的动机，以及这种动机对孝敬父母或者向父母表示自己的责任心有多重要。

通过研究他们发现，无论是在中国还是美国，和父母关系良好、觉得对父母有责任和孝敬父母的孩子，往往学习成绩更好。波默兰茨认为：和父母之间的连接感和亲密感，在孩子的学业成绩上起着一定的作用。

同时，研究人员也发现，随着时间的变化，两国的孩子都对学校教育越来越不感兴趣。不过，美国孩子逐渐下降的兴趣会导致学习成绩下滑，而中国孩子对学习仍然很认真。

波默兰茨分析认为，造成这种差别的原因是文化差异：美国人把青春期看做是孩子确认自我独立的时期，中国人则信奉"孝道"或是光宗耀祖、回报父母。也就是说，中国孩子对家庭更有责任感，这种责任感不仅来自父母，而且源于孝文化，所以美国父母教导孩子要孝顺是不起作用的。

孩子是独立的个体，完全可以去追求自己的个人价值。父母不是要控制还没有控制感和个性的孩子，也不是坚持要孩子按父母所说的做，而是以身作则，并向他们提供帮助和引导，让他们学会独立思考和形成自己的独立人格。

在这里，独立人格与孝道并不是对立的，也不是忽视一切伦理道德，而是建立在这个基础之上的。

父亲与儿子在一起劈柴。父亲不慎用斧子伤了儿子的手，儿子破口大骂："老头儿，你眼瞎了吗？"孙子在旁边见爷爷被骂，挺身而出打抱不平道："混账，父亲是随便骂的吗？"

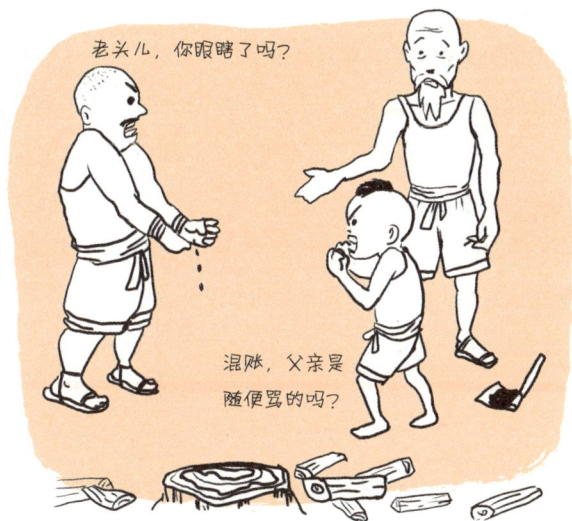

在这个笑话里，我们不能说孙子"挺身而出"是有独立人格的表现。一个真正人格独立的孩子，在道德上应该会更加成熟，不但对父母的责任感会增强，遵守社会规范的责任感也会增强。而责任感强的人，不但将来会更尽孝道，而且更有能力尽孝道。

78 边际效用递减
"棍棒下面出孝子"对不对

体罚最终会失效，因为孩子们会越来越不在乎。

亲爱的心理学家：

您好。我老公人很老实，可对儿子要求很严厉，儿子小时在奶奶家长大，上学后才在我们身边。老公因为儿子学习和生活习惯的问题，打过孩子好几次了，下手都很重——拿竹条把儿子屁股打得破皮了，到处是青块。为这我和他闹别扭，可是他说得一套一套的，什么"棍棒下面出孝子"，"不打不成材"。

我不知道该怎么说服他，请问他说得有没有道理呢？

——一个不愿孩子挨打的母亲

亲爱的朋友：

"棍棒下面出孝子"，其实是中国古人关于惩戒教育的一种形象说法。可惜的是，太多的父母只理解了它的字面意义，把它当成体罚孩子的依据。

直到今天，许多家长仍然会打孩子，虽然他们可能不愿意承认。2008年美国的调查显示，仍有77%的男性和65%的女性都认为小孩有时需要"好好地打一顿屁股"。

目前，无论是在中国还是西方，主流的教育观点都反对体罚孩子。美国小儿科医学会（American Academy of Pediatrics）的惩戒政策中说，体罚的效力有限，并可能产生有害的副作用；体罚的做法，会让孩子产生越来越严重的敌对心理。

曾经有一个高中学生给父亲的第一封信中写道："记得小时候，我曾把您当做一位朋友，一位伙伴，一位慈父。可这在我的成长中却是如梦一般。您那阴云般的怒脸和厉声的怒喝，使我几次产生轻生之念。我暗恨自己，您为什么是我的父亲，而我又偏是您的儿子呢？我早为自己设想过，要永远离开这个家……"

皮肉之苦会使孩子产生怨恨、逆反、畏惧等心理，特别是如果不问青红皂白、不分析原因、不指出解决办法地体罚孩子，孩子不理解为什么要挨打，心灵更容易受伤，更容易自暴自弃。孩子会想：反正都要挨打，以后做事不想对还是错了。体罚最终会失效，因为孩子们会越来越不在乎——这就是经济学所说的"边际效用递减"。

在一次访谈节目里，台湾歌手齐秦讲述了自己叛逆的青少年时期。那时他喝酒、打架，半夜三更才回家，一回家就习惯性地跪在地上，等着父亲的鞭子和训斥。但这种体罚，对于他已经失去了任何意义。

有一天，齐秦打完架回家，像往常一样跪着等待挨打，却发现父亲只是背对着他说了一句："去睡吧。"

齐秦说，他内心反而受到强烈的触动，从此改邪归正，踏上了音乐之路。

经常性的体罚，使孩子的自尊心受到严重损害，造成孩子失去自信、悲观厌世，极容易走上自暴自弃、破罐子破摔之路。中国内地某城市曾经对408名少年犯进行调查，发现其中84%是受了棍棒教育的。

如果父母还认为"打是疼，骂是爱"的话，那这份"爱"对孩子来说就太沉重、太残酷了。真正欠揍的，其实是创造这句话的人。

体罚的伤害不仅体现在肉体上，还反映在智力和人格发展中。美国一项研究显示，从1岁就开始挨打的幼儿，在智能测试中表现得很糟糕，却表现出更强的攻击性。

儿子考试没考好，妈妈狠狠地揍了他一顿，让他去改试卷上的错误。一转身他又来问："妈妈，这道题我还是不会。"

余怒未消的妈妈没好气地说："我给你讲几遍了你还不会，你的脑袋让驴踢了吗？"

儿子哽咽着说："都是你把我打成这样的。"

儿子的话可以说是无意中道破了真理。在一个主题为"暴力，虐待与创伤"的国际会议上，83岁高龄的美国社会学家默里·斯特劳斯（Murray Straus，）发表论文指出，体罚确实对孩子造成了长远的影响，其后果是智商的降低。

斯特劳斯从1969年起就开始研究体罚问题，他发现：受过体罚的小·孩和没有受过体罚的小·孩相比，IQ值（智商得分）要低5个点之多。受体罚越多，IQ值越低。

有心理学家指出，如果父母经常体罚孩子，不仅意味着孩子有问题，更意味着父母也有问题。甚至可以说，父母的问题可能是孩子问题的根源。美国研究人员发现，抑郁沮丧的爸爸比精神状态好的爸爸更容易打自己的孩子。抑郁男性有40%在过去一个月中有打孩子的经历，而其他男性则只有13%。

亚里士多德曾经说："人是最富于模仿的生物，人是借助于模仿来学习他最早的功课的。"不要忘记，孩子会模仿父母的行为，父母的打骂对孩子产生一种"示范"作用，让他们学会使用暴力。

当我们要惩罚孩子时，先要想一想是不是自己的情绪出了问题。如果确实需要惩罚，那使用关"禁闭"和剥夺其他权利之类的方法，或许会有效。

79 童蒙养正
"三岁看大，七岁看老"有道理吗

好的早期教育会培养影响人一生的品质——耐心、约束、举止、坚韧等。但是如果仅仅着眼于考试成绩的话，"三岁看大，七岁看老"这句话的影响，反而不是那么应验。

亲爱的心理学家：

您好。在生活中常听人说一句俗话："三岁看大，七岁看老。"意思是一个人三岁时的样子，就可以看出他长大之后的样子；一个人七岁时的样子，就可以看到他老了之后的样子。请问这句话有道理吗？为什么人们同时又会说"女大十八变，越变越好看"？想听您的意见。

——为一句俗话困惑的家长

亲爱的朋友：

"三岁看大，七岁看老"，这句话的实际意思是，看一个人小时候的表现，就可以大概预测这个人将来的样子。在中国历史上，有很多有关这一类预言的故事。

后周太祖郭威还是个孩子时，和一个叫冯晖的小朋友整天无所事事，到处游荡。有一天，他们遇见一位道士，自称"业雕"，说他们将来必成大器，为他们二人刺青。

道士在郭威的脖颈左边刺了一只麻雀，右边刺谷、粟；以冯晖的肚脐为基础刺了一个瓮，瓮中有数只大雁。道士对他们说，待他们长大到麻雀吃到谷子、大雁飞出瓮时，也就是他们的发达之日。

因为郭威脖子上有刺雀，于是就得了一个外号叫"郭雀儿"。随着他年龄增长，脖子上的麻雀与谷、粟的距离逐渐接近，等到郭威当了皇帝时，麻雀的嘴果然吃到了谷子。而冯晖官高位显时，大雁也真的从瓮中飞出。

这虽然只是一个历史传说，但是现代科学研究证明，"三岁看大、七岁看老"这句话是有一定的道理的。

1980 年，卡斯比教授同伦敦国王学院的精神病学家，对 1000 名 3 岁幼儿进行了面试，询问 22 个行为特点方面的问题。根据面试结果，把他们分为充满自信、良好适应、沉默寡言、自我约束和坐立不安 5 大类，分别占总人数的28%、40%、8%、10% 和 14%。

23 年后，也就是 2003 年，这些孩子 26 岁时，卡斯比等精神病学家再次与他们面谈，并且对他们的朋友和亲戚进行了调查。结果发现，当年被认为"充满自信"的幼儿，小时候他们十分活泼和热心，为外向型性格；成年后，他们开朗、坚强、果断，领导欲较强。被归为"良好适应"的幼儿，当年他们就表现得自信、自制，不容易心烦意乱。到 26 岁时，他们的性格依然如此。当年被列入"沉默寡言"类的幼儿是比例最低的一类。如今，他们要比一般人更倾向于隐瞒自己的感情，不愿意去影响他人，不敢从事任何可能导致自己受伤的事情。被列为"坐立不安"一类的幼儿，当年的主要表现为行为消极，注意力分散等。如今，与其他人相比，他们更易于对小事情做出过度反应，容易苦恼和愤怒。熟人对其评价多为：不现实、心胸狭窄、容易紧张和产生对抗情绪。

美国加利福尼亚大学里弗赛德分校、俄勒冈大学和俄勒冈研究所的研究人员，曾经对 20 世纪 60 年代夏威夷州约 2400 名不同种族的一至六年级小学生进行跟踪研究。

他们发现，那些当年被认为健谈的孩子，40 年后年届中年时，则表现得善于动脑，讲话流利，总是试图控制局面并表现出高度智慧；当年被认为适应性强的孩子，成年后多表现得乐观开朗，善于动脑，讲话流利；当年被认为易冲动的孩子，成年后倾向于大声说话，兴趣广泛、健谈；而当年表现自信心强的孩子，成年后倾向于爱大声说话，善于动脑，表现出优越感。

上述研究所针对的，都是孩子的性格。那么，在学习成绩上又如何呢？

研究发现，当孩子到了初高中阶段，接受过较好早期教育的孩子与背景相似但没有接受此种教育的孩子相比，考试成绩并没有明显优势。不过，当他们更大一些时，儿时的教育差异又回归了：前者更有可能进入大学深造，并且取得更高的收入。

这种回归，应该说更多地来自于幼时性格习惯的养成。中国古人的教育思想里有一句话叫"童蒙养正"，童蒙就是幼童，养正就是培养其端正的心性及行为。意思是说，幼儿如果能养成良好的品性，那么就可以形成终身不移的人格特质。这句话，实际上涵盖了心理学试验所得出的结论。

1978年，全世界诺尔尔奖获得者在法国巴黎聚会。有记者问当年的诺贝尔物理学奖得主卡皮察："您在哪所大学、哪个实验室里学到了您认为是最主要的东西？"

这位白发苍苍的老人想了一下，给出了一个出乎人们意料的回答："是在幼儿园。"

记者愣住了，又问："您在幼儿园学到了些什么呢？"

老人如数家珍地说道："把自己的东西分一半给小伙伴们，不是自己的东西不要拿，东西要放整齐，吃饭前要洗手，做了错事要表示歉意。午饭后要休息，学习要多思考，要仔细观察大自然。从根本上说，我学到的全部东西就是这些。"

由此可见，好的早期教育会培养影响人一生的品质——耐心、约束、举止、坚韧等。如果仅仅着眼于考试成绩的话，"三岁看大，七岁看老"这句话的影响，反而不是那么应验。

80 榜样效应
"自古寒门出才俊"对吗

只要我们像要求孩子那样要求自己，不论是寒门还是豪门，都是可以出才俊的。

亲爱的心理学家：

您好。我儿子的一位女同学，父母亲是从乡下来北京做小生意的，他们租住在一个很不像样的民宅中，每天起早贪黑，恨不能多长几双手还常常交不起学费，哪里还顾得上打理孩子。可人家那孩子争气，门门功课都名列前茅，学习成绩一直很稳定，是班上的学习委员。

类似的事情还很多，为什么会这样呢？难道真的应了那句古话——"自古寒门出才俊"？

——一位家长

亲爱的朋友：

其实，科学研究早已经证实，无论出身于什么样的家庭，孩子们的智商并没有太大的差别。而且，学习成绩的好坏，不仅仅取决于智商的遗传，而更取决于勤奋程度。与勤奋程度相比，智商的遗传对学习成绩的影响要小得多。

鲁迅在评价自己的成就时，就说他不过是把别人喝咖啡的时间用在了工作上。这并不仅仅是谦虚，而是指出了一条规律：人的成功不是凭聪明换得来的。

这实际上引出了另外一个问题：为什么寒门的孩子更勤奋呢？

中国有另外一句俗话——"穷人的孩子早当家"。因为穷人更加忙碌，所担负的责任更重。而他们这种忙碌的行为模式以及对责任的承担，是对孩子最有效的激励。说教的力量和物质引诱的力量，都不如这种天天在眼前的身教的力量。

我们换位思考一下，那些每天在学校"战斗"了十几个小时的孩子们，回家后又面对四五个小时没完没了的作业时，他们的父母正热火朝天地斗地主、"搬砖"，或者沉浸于一部又一部的电视连续剧，孩子会怎么看、怎么想呢？

2001年7月，贵州省安顺市西秀区公安局破获一起16岁的双胞胎女儿用鼠药毒死父母的案件。在案件审理过程中，一个细节被露出来，那就是母亲经常责骂两姐妹的一句话："瞧你们这个样子，我出去打麻将都没脸了。"我们可以试想一下，这句话是能够让孩子更努力地学习呢，还是陷入更深的矛盾当中？

《苏氏家语》中的"孔子家儿不知骂，曾子家儿不知怒，所以然者，生而善教也"，讲的就是这个道理。

这一点，也可以对今天的家长有一个启示，那就是在面对孩子的时候，对自己的行为和精神状态要十二分地警醒。和孩子在一起的时候，一定要以身作则地学习和进取。在孩子玩耍的时候，我们可以工作，但在他学习的时候，我们绝对不能"玩"。

父亲下班一回家，打开电脑开始打游戏。一旁的儿子接连问了父亲好几个问题，父亲回答不出来，烦躁地说："别问了！过去我从来没有向你爷爷问过这么多的问题！"

儿子不满地说："是啊，您当初如果向爷爷问这么多的问题，现在回答我就不会这样困难了。"

列夫·托尔斯泰说："在一个家庭里，只有父亲能自己教育自己时，在那里才能产生孩子的自我教育。没有父亲的先锋榜样，一切有关孩子进行自我教育的谈话都将变成空谈。"这句话，实际上揭示的就是心理学上的榜样效应。

只要我们像要求孩子那样要求自己以身作则，不论是寒门还是豪门，都是可以出才俊的。

晚清中兴名臣曾国藩，位列三公，但日常饮食总以一荤为主，只有客人来访，才会增加一个荤菜。其穿戴更是简朴，一件青缎马褂一穿就是30年。

身教重于言教，曾国藩每天日理万机，自晨至晚，主要公文均自批自拟，很少假手他人。晚年右目失明，仍然天天坚持不懈。他所写日记，直到临死之前一日才停止。

同时，他对子女也是严格要求。他从不准许子女睡懒觉，不准子女积钱买田，不许衣着奢华。妻子女儿跟他同住江宁（今南京）两江总督府时，他规定她们白天下厨做饭菜，夜晚纺纱织麻到深夜，而且天天如此。

曾国藩的言传身教，给子女树立了很好的榜样。长子曾纪泽精通诗文书画，并且掌握了外语，成为一名出色的外交官。在处理西北边境危机中，曾纪泽舌战强敌，从沙俄手中夺回了伊犁城，取得清末外交史上绝无仅有的一次胜利。

不仅其子成才，曾国藩的孙辈曾宝荪、曾约农等，也都成为教育家和学者。据调查，曾国藩及其四兄弟家族，绵延至今190余年间，共出有名望的人才240多人，多留学英、美等国的名牌大学，成为教育界、科技界、艺术界的名家大师，而没有出过一个纨绔子弟。

由此可见，才俊所出并不分寒门和豪门，而是决定于他所受到的家庭教育，特别是从父母身上潜移默化得到的东西。